Élever bébé

Marcel RUFO
Christine Schilte

Bébé dort bien

HACHETTE
Pratique

Directeur : Stephen Bateman
Directeur éditorial : Pierre-Jean Furet
Responsable éditoriale : Caroline Rolland
Coordination rédactionnelle : Nelly Benoit
Maquette et réalisation : Christophe de Angeli
Couverture : Nicole Dassonville

Avant-propos

Le sommeil est le motif le plus important de consultation en psychologie de l'enfant. Ce sont des parents inquiets qui veulent comprendre pourquoi leur bébé se réveille en pleine nuit et pleure. Tous craignent que leur nourrisson soit malheureux et qu'il n'ait pas d'autre moyen d'exprimer sa détresse. Bien sûr, les parents qui débutent dans « la profession » s'interrogent aussitôt sur leurs capacités : ont-ils fait tout ce qu'il fallait pour satisfaire les besoins de leur bébé ? Ont-ils réussi à être de bons parents ?

Tous les parents sont persuadés que l'enfant qui ne dort pas bien la nuit veut leur dire quelque chose. Ils interprètent cette manifestation comme un moyen de communication avant les mots. Ils pensent toujours que le comportement de leur enfant est chargé d'intentions. La situation est délicate car le bébé, qui est sensible aux émotions de ceux qui l'entourent, peut imaginer avoir une place déterminante au sein de la famille grâce à ses troubles du sommeil. Parfois, le bébé comprend mal les réactions affectives de ses parents et croit que les réveils intempestifs sont une manière normale de se manifester à eux. Plus ses parents lui donneront les moyens de s'exprimer par des troubles du sommeil, plus il le fera avec force.

Il est important encore que les parents soient entièrement tranquillisés sur la qualité du sommeil de leur enfant. S'ils ont respecté les consignes concernant le couchage du bébé, qu'ils chassent leurs inquiétudes, leur bébé respire parfaitement et dort à poings fermés dans son berceau. L'anxiété est toujours perturbatrice du sommeil de l'enfant comme de celui des parents.

En quelques semaines, le bébé va construire son rythme de sommeil. Alors, soyez rassurés, c'est une certitude ! Chaque fois que votre bébé se réveille, vous devez croire très, très fort qu'il va se rendormir. Je vous conseille d'avoir recours entre vous à une pensée magique : « Tu vas voir, mon amour, il va se rendormir, et nous aussi on va se rendormir. » Je suis sûr que le bébé perçoit de telles paroles.

Bien vivre en famille, c'est aussi dormir tous ensemble, chacun dans son lit, dans le partage d'une même nuit.

Pr. Marcel Rufo

Sommaire

De la naissance à 1 an

Au cours de la 2e année

De 3 à 6 ans

AGIR

- **De la naissance à 1 an**
- **Au cours de la 2e année**
- **De 3 à 6 ans**

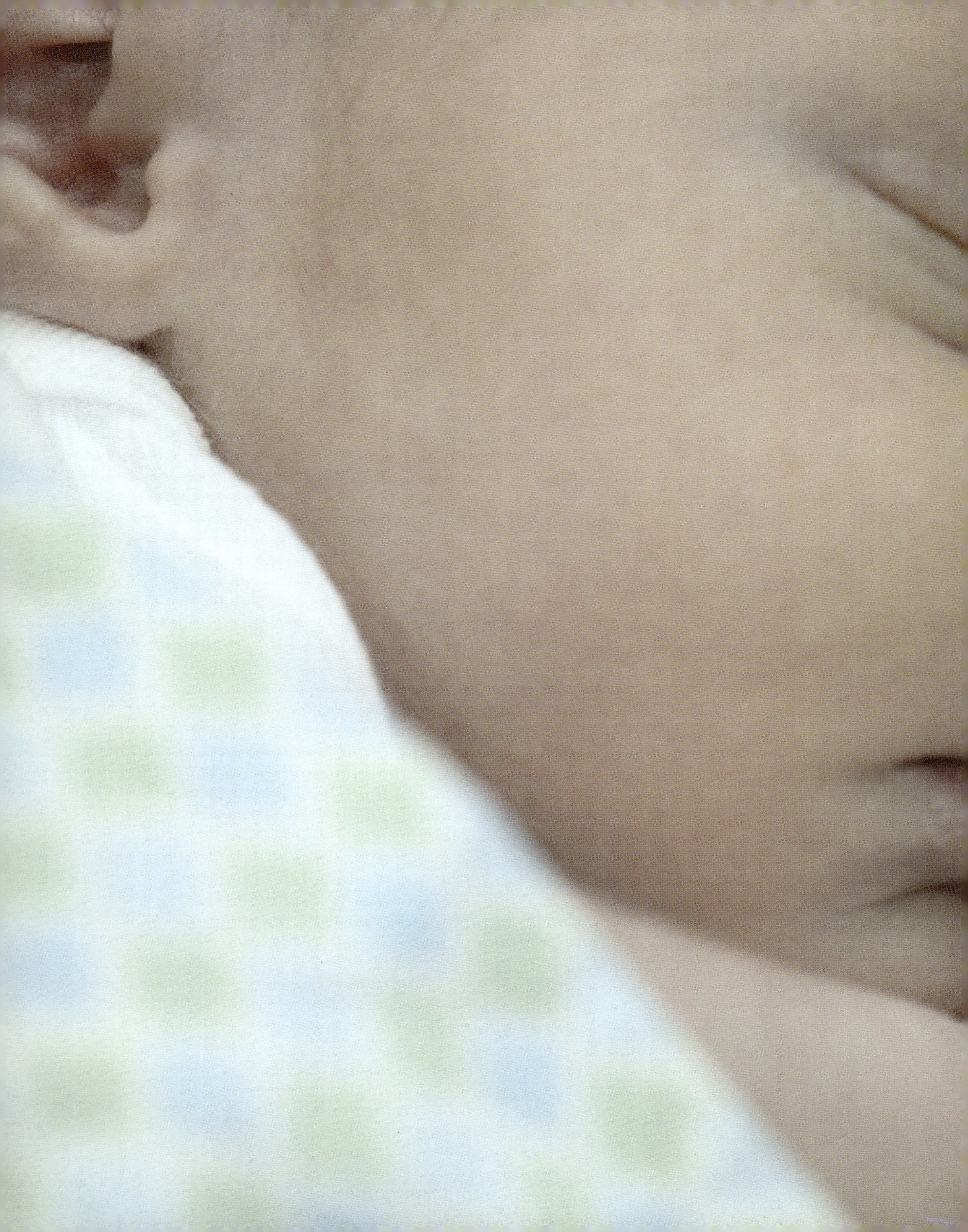

De la **naissance** à **1 an**

Ce n'est pas avant 2-3 mois qu'un nourrisson commence à faire ses nuits. Soyez patients.

1 Notre bébé est âgé de 1 mois, et depuis sa naissance il pleure toutes les nuits. Est-ce normal ? Et que pouvons-nous faire ?

Rassurez-vous, votre bébé se comporte comme tous les bébés de son âge. Les nourrissons qui font leurs nuits sont extrêmement rares. Leur horloge biologique est programmée pour des temps de sommeil de trois à quatre heures.

Ses pleurs sont motivés essentiellement par la faim, qu'il soit nourri au sein ou au biberon. La seule solution pour qu'il se rendorme, et vous aussi, consiste à lui donner une tétée et à le recoucher. Rassasié, il replonge dans le sommeil jusqu'au petit matin. Aujourd'hui, donner un biberon ou une tétée de nuit n'est plus considéré, jusqu'à 3 mois, comme un signe de faiblesse face à un bébé capricieux. C'est au contraire nécessaire au développement de votre enfant, qui adapte ses demandes aux besoins de son organisme. Le taux de sucre dans le sang d'un nourrisson doit être constant en permanence. Son organisme a besoin de refaire des réserves régulièrement.

PETIT CONSEIL

Le seul moyen pour les deux parents de ne pas sortir épuisés de cet épisode est de pratiquer l'alternance de disponibilité.
Le père assume au moins les tétées de nuit du vendredi et du samedi puisqu'il peut, ces jours-là, récupérer par une petite grasse matinée ou une sieste.
Les autres jours peuvent être à la charge de la jeune maman qui récupérera un peu son temps de sommeil dans la journée, lorsque le bébé dort.

Laisser un bébé de quelques mois pleurer sans le réconfort d'un adulte est dommageable tant pour lui que pour ses parents. En effet, un nourrisson ne s'arrête pas de crier même s'il a compris qu'il n'aura pas satisfaction. En fait, il se rendort, épuisé de colère et d'angoisse. Il y a de grandes chances pour que, tenaillé par la faim, il se réveille peu de temps après lorsqu'il traversera une nouvelle phase de sommeil léger. Cette non-satisfaction d'un besoin purement physiologique est bien souvent à l'origine de l'installation d'un trouble psychologique du sommeil. Le bébé risque d'associer son angoisse de ne pas être rassasié à l'obscurité qui l'entoure. En grandissant, il ne pleurera plus de faim mais de peur, perturbant pour de longs mois les nuits de sa famille.

Le biberon de nuit s'impose jusqu'à 2 mois, si le bébé le demande.

Vos nuits agitées ne vont heureusement pas durer. Beaucoup d'enfants ne réclament plus de biberon la nuit vers 2 mois, lorsqu'ils ont généralement atteint un poids de 5 kg. Vous reconnaîtrez que ce moment approche à deux signes. Votre enfant ne pleure plus systématiquement toutes les nuits, il est capable d'espacer tout doucement son dernier biberon du soir et celui du matin. Par contre, il connaît de plus en plus souvent des épisodes de pleurs « inconsolables » et sans motifs apparents en fin de journée. C'est ce que l'on appelle le « spleen du bébé » (p. 20)

2 La capacité de dormeur de notre bébé nous étonne. Même lorsqu'il est au sein, il ne réussit pas à rester éveillé le temps de son repas. Quand pourrons-nous communiquer avec lui ?

↘ Au cours de ses phases de sommeil très léger, votre bébé perçoit votre odeur, le son de votre voix, la chaleur de votre peau. Ses moments d'éveil sont pour lui l'occasion de communiquer et de s'attacher profondément à vous.

Les bébés sont des dormeurs invétérés. Rendez-vous compte, ils dorment en moyenne 19 heures par jour les premières semaines et passent presque sans s'en

Sous aucun prétexte, on ne réveille un nourrisson qui dort.

apercevoir de l'état de veille à celui de sommeil. Il faut dire que, pour le nourrisson, dormir est presque une vieille habitude puisque dans l'utérus maternel il dort 20 heures sur 24. Jusqu'à la fin du 7e mois de gestation, les tracés de son activité cérébrale révèlent que le fœtus passe une bonne partie de son temps en sommeil paradoxal (p. 110). Celui-ci augmente jusqu'à la naissance et ne régresse qu'ensuite, en quelques mois.

On sait aujourd'hui que le sommeil paradoxal est important dans le développement des cellules nerveuses cérébrales du nourrisson. Si celui-ci dort autant les premières semaines qui suivent sa naissance, c'est tout simplement parce qu'il poursuit la maturation de son système nerveux. Mais le sommeil est aussi indispensable à sa croissance physique. En effet, son organisme produit alors en quantité maximale l'hormone de croissance qui lui est indispensable pour grandir.

Si votre enfant s'endort au cours de la tétée, soyez comblée car cela signifie tout d'abord que votre lait l'a rassasié mais aussi qu'il a mis beaucoup d'énergie à bien téter – pour un tout-petit, la succion du mamelon représente un véritable effort physique qui prouve sa bonne vitalité –, enfin qu'il se sent en parfaite sécurité contre vous et que sa vigilance peut se relâcher. Mais peut-être que votre enfant est aussi un gros dormeur. En effet, dès les premiers jours, on peut nettement distinguer les bons dormeurs des petits nerveux qu'un rien réveille. Très vite, chaque enfant acquiert sa personnalité de dormeur. Il est indispensable de laisser un nouveau-né trouver son propre rythme et ajuster lui-même les moments où il a faim et ceux où il préfère dormir.

PETIT CONSEIL

Ce petit dormeur détestera être dérangé, un réveil intempestif risque de déclencher ses pleurs. Gardez-le contre vous un moment, profitez-en pour le regarder, si tendrement confiant, puis reposez-le doucement dans son berceau. Si son repas a été léger, il saura à la prochaine tétée compenser ses apports nutritifs.

3 Notre bébé bouge beaucoup dans son sommeil, est-il à la limite de l'état d'éveil ?

↘ Les parents qui regardent leur bébé endormi sont toujours étonnés, notamment de la mobilité de son visage : il grimace, sourit, ses yeux bougent sous ses paupières. À certains moments, il donne l'impression de souffrir, à d'autres d'être dans un état d'extase extraordinaire.

Mais son corps peut aussi s'agiter : il bouge ses mains, fléchit ses jambes, peut exprimer quelques pleurs. En fait, ce bébé est dans une phase de sommeil agité ou sommeil paradoxal, assez léger, et peut se réveiller quelques secondes pour replonger aussitôt ou bien se réveiller complètement.

C'est là toute la difficulté d'interprétation que rencontrent les parents, d'autant plus que l'enfant petit s'endort directement en sommeil paradoxal. Dès qu'il parvient au rêve, son corps devient mou, ses mains s'ouvrent largement, seul son visage continue à exprimer des émotions et ses yeux à bouger sous ses paupières closes.

Au cours d'une période de sommeil de deux à trois heures, le bébé traverse deux à trois phases de sommeil agité. Il est normal qu'au début de sa vie, l'enfant ait quelques difficultés à trouver son rythme de sommeil, il faut lui laisser le temps de s'organiser.

Les parents doivent connaître cette particularité du nouveau-né. La projection de leurs expériences émotionnelles d'adulte sur des mouvements quasiment réflexes de leur bébé fait qu'ils interviennent parfois à tort. Ce qui peuple les rêves des nourrissons reste encore un profond mystère. De plus, les conditions du sommeil de l'enfant par rapport à la vie utérine sont bouleversées : il doit s'habituer à dormir à plat et dans l'immobilité, lui qui était lové dans le corps de sa mère, qui se balançait au gré de ses pas ; il doit encore supporter des bruits plus intenses, une luminosité différente, des modifications de température. Il découvre un autre environnement dans lequel il doit apprendre à dormir.

Le plus souvent, en voulant réconforter leur bébé qu'ils croient en détresse, ou en souhaitant le consoler d'une douleur supposée, les parents le réveillent, perturbant ainsi le rythme normal d'alternance de sommeil paradoxal et de sommeil lent.

Si leurs maladresses se renouvellent trop souvent, ils risquent d'induire un trouble précoce du sommeil chez l'enfant, celui-ci n'apprenant pas qu'il peut glisser naturellement du sommeil paradoxal au sommeil lent. Ils l'habituent à s'éveiller à la fin d'une phase de sommeil paradoxal. Bon nombre de troubles du sommeil de la première année ont cette origine, l'enfant se réveillant systématiquement toutes les deux heures et toutes les nuits.

PETIT CONSEIL

Afin d'éviter qu'un cercle vicieux ne s'installe, efforcez-vous de n'intervenir que lorsque votre bébé pleure vraiment depuis plusieurs minutes. Mieux vaut attendre toujours un peu, le plus calmement possible, avant d'intervenir, si besoin est en contrôlant son impulsivité affective.

Les parents sont alors épuisés et le bébé aussi. Il pleure essentiellement de fatigue alors que ses parents croient encore une fois, à tort, que c'est la faim qui le réveille. Mais lorsqu'il va se réveiller deux heures plus tard, ils ne sauront plus que faire et passeront la nuit à le promener, le bercer, lui parler, le changer... empêchant cet enfant fatigué de dormir.

4 Peut-on donner une sucette à notre bébé, dès sa naissance, pour l'aider à trouver le sommeil ?

↘ Téter est inné et fondamental chez le bébé. Sans ce besoin physiologique, il ne parviendrait pas à se nourrir. Si vous ne lui offrez pas un outil, la sucette, pour le satisfaire, il y a de fortes chances qu'il utilise son pouce. D'ailleurs, il en a peut-être déjà fait l'expérience in utéro.

Sucer son pouce ou une tétine apporte à l'enfant une sensation de bien-être et de plaisir. Pour certains bébés, la sucette ou le pouce ne s'imposent pas immédiatement, les tétées au sein ou au biberon sont assez nombreuses pour les satisfaire. C'est plus tard, vers 4-5 mois, quand l'alimentation rend l'occasion de sucer plus rare, que le bébé cherche ses doigts ou s'attache à sa sucette.

Les enfants africains et asiatiques, qui vivent leurs premières années au contact permanent de leur mère, n'ont pas besoin de leur pouce pour trouver un peu de réconfort.

Pouce ou sucette, quelle est la meilleure formule ? Chacun a ses partisans et ses détracteurs, trancher est une affaire délicate sauf que, pour s'endormir, l'un comme l'autre font merveille.

En tétant, l'enfant s'apaise, trouve un calme intérieur qui a pu être perturbé par un environnement plus ou moins agressif. Ainsi, il s'isole dans sa bulle retrouvant un plaisir lié à celui du tout début d'être rassasié de lait, d'être tout contre sa mère, empli de sa chaleur et de son odeur. S'il n'a alors pas faim, si rien ne le dérange, s'il se sent en parfaite sécurité, il passe dans un état de semi-conscience qui l'emmène tranquillement vers le sommeil. Souvent, le pouce ou la sucette est associé à un chiffon ou à une peluche, objets transitionnels qui aident à supporter les peines et la tristesse de voir sa mère s'éloigner pour plus ou moins longtemps.

La seule vraie difficulté liée à la sucette, c'est qu'elle se perd dans le noir. En effet, lorsque l'enfant entre dans le sommeil profond, il tète moins fort et la sucette glisse de sa bouche. Habitué à s'endormir grâce à elle, il veut la retrouver dès qu'il traverse la phase de sommeil léger. Incapable avant 1 an de se débrouiller seul, l'enfant se met alors à pleurer réclamant l'aide de ses parents. Il semble que le pouce, ou tout autre doigt, pose moins de problème.

PETIT CONSEIL

La succion est encore pour le nourrisson et l'enfant, même âgé de quelques années, un moyen extraordinaire de lutter contre une anxiété naissante. Tendre la sucette, guider le pouce vers la bouche sont des gestes de première urgence pour calmer les pleurs de toute origine. Cette pratique auto-érotique laisse souvent l'enfant comme absent : il se recentre sur lui-même et pratique une forme de rêverie.

5 Il semble que les bébés puissent être victimes dans leur sommeil d'un accident respiratoire grave : la mort subite du nourrisson. Comment la prévenir ?

Des consignes simples ont permis depuis quelques années de prévenir efficacement ce type d'accident. Aujourd'hui, la sécurité des bébés passe par un couchage sur le dos qui, selon les études scientifiques, a fait diminuer de presque de moitié le risque de mort subite du nourrisson.

Les statistiques montrent encore une diminution de 60 à 75 %, selon les pays, de mort subite du nourrisson. Le couchage dorsal s'impose chez tous les enfants de

> **L'inquiétude vous réveille en pleine nuit, allez doucement regarder dormir de loin votre bébé et retournez vous coucher car son père vous attend.**

moins de 5 mois. Après, ce sont eux qui choisissent la position qui leur convient le mieux pour dormir puisqu'ils sont capables de se retourner seuls. Mais les recommandations ne s'arrêtent pas là.

Il est conseillé aussi de faire dormir l'enfant sur un matelas dur, sans oreiller ni couette et dans une chambre dont la température ne dépasse pas les 19 °C ; au-delà, il est indispensable d'humidifier l'air ambiant. Le lit de l'enfant ne sera pas installé près d'une source de chaleur telle qu'un radiateur en plein hiver, ou une fenêtre orientée plein sud en été.

Pour dormir, il est préférable que l'enfant soit habillé d'un surpyjama ou d'une turbulette dont l'épaisseur est appropriée à la saison. Il existe des matelas dits « de sécurité », équipés de têtières aérées, mais leur efficacité n'a pas été confirmée pour l'instant. Si votre bébé s'agite beaucoup pendant son sommeil, il est encore possible de le caler dans la bonne position dorsale grâce à un système de petits coussins : reliés entre eux par une bande de tissu, le bébé est installé au milieu et ne peut donc plus se tourner sur le côté.

PETIT CONSEIL

Il est recommandé d'éliminer du berceau les grosses peluches, les édredons, les tours de lit molletonnés ainsi que toute attache pouvant servir à maintenir les draps et les couvertures.
Il est préférable que vous évitiez d'allaiter votre bébé au lit la nuit, et il vaut mieux aussi ne pas fumer le jour dans son environnement.

De nombreuses recherches dans le monde entier ont été effectuées pour trouver la cause du syndrome de la mort subite du nourrisson. Mais, pour l'instant, elles ont juste permis de d'établir un certain nombre de facteurs favorisants mais non déterminants.

Ce sont l'âge de l'enfant, entre 1 et 5 mois avec un pic à 4 mois, une mauvaise régulation de ses centres respiratoire et cardiaque, une prématurité, une naissance difficile, le tabagisme maternel, une vie irrégulière, une tendance au reflux gastro-œsophagien. Ce syndrome frappe environ un nourrisson sur 500. Les familles reconnues par les médecins comme à risques, tout particulièrement celles ayant déjà été victimes de ce drame, sont équipées d'un monitoring de surveillance pendant 6 mois.

6 En fin de journée, alors qu'il est visiblement fatigué, notre bébé ne réussit pas à s'endormir, il pleure beaucoup. Pourquoi ?

↘ Ce comportement est très répandu chez beaucoup d'enfants. Tout à coup, ils se tortillent, grimacent, agitent leurs membres de façon désordonnée. Leurs cris témoignent d'une sensation de malaise. Ces pleurs s'installent autour de la 3e semaine, s'amplifient à la 6e pour finir vers la 10e semaine.

Les pleurs se situent la plupart du temps entre 18 et 19 h. Il existe même des enfants qui pleurent quotidiennement à heures fixes. Selon les enfants, « ce spleen » du soir s'exprime soit par une nervosité inhabituelle, un caractère grincheux, un comportement inquiet, soit par un très gros chagrin.

Ne laissez pas votre bébé seul avec ses pleurs, essayez de lui donner un sentiment de sécurité dans vos bras et dites-lui que vous l'aimez malgré sa colère.

Votre premier geste va consister à vérifier que rien ne le gêne et qu'il n'a pas faim. Puis, vous essaierez de le calmer en le portant contre vous. Couchez-le sur votre épaule, le ventre appuyé sur l'arrondi, le bas du dos bien maintenu. Vous pouvez encore l'installer à cheval sur votre avant-bras, sa tête appuyée au creux de votre coude, votre main entre ses jambes. Dans cette position, balancez-le légèrement en le promenant dans la maison, évitez les pièces trop bruyantes et trop éclairées.

C'est un peu de quiétude qu'il faut lui apporter avant tout. Vous pouvez encore l'asseoir sur vos genoux, le dos appuyé contre vous. Maintenez son dos d'une main et passez l'autre sous ses avant-bras. Vous pouvez aussi le porter dans un porte-bébé ventral tout contre vous.

La cause de cet épisode de larmes en fin de journée est en fait assez mal élucidée et les explications données par les uns et les autres, psychologues ou pédiatres, sont plus de l'ordre de la supposition que du diagnostic. Pour certains, il est le résultat d'un trop-plein de nervosité due à la participation de plus en plus éveillée aux activités qui se déroulent autour du bébé.

Au cours de sa journée, il a vécu dans un environnement bruyant (bruits du ménage, de chiens, de la rue, de la radio ou de la télévision, voix des personnes vivant à ses côtés), il a dû s'adapter à des situations de séparation et de retrouvailles (la crèche, la nourrice...), il a découvert la rue, le jardin, croisé d'autres visages que ceux qu'il connaît. Bref, les sollicitations ont été nombreuses. Elles lui ont d'abord semblé agréables car les bébés aiment la nouveauté et le mouvement mais, au fil de la journée, il les a subies et son système nerveux encore immature les a supportées de plus en plus difficilement. Par ces cris, le bébé se décharge de ses tensions physiques et psychiques accumulées tout au long de la journée.

PETIT CONSEIL

Parlez-lui à l'oreille, dites-lui que vous le comprenez et que vous l'aimez. Il y a de fortes chances qu'au bout de 5 à 10 minutes de manifestation bruyante, il se calme, parfois pour un court instant, retrouvant une autre phase d'agitation. Soyez stoïques et essayez de ne pas vous angoisser, de ne pas vous énerver, il finira par s'apaiser et par s'endormir profondément.

Pour d'autres, ces cris témoignent de la sensation diffuse d'une insatisfaction de leurs besoins à moins qu'ils ne s'apparentent à la détresse de devoir quitter le jour pour l'ombre de la nuit. La tombée de la nuit rendrait les bébés mélancoliques.

L'explication selon laquelle ces pleurs seraient dus à des coliques est de moins en moins retenue. En effet, le mode d'alimentation des enfants, au sein, au biberon avec un lait 1er âge ou un lait de régime, n'a pas réellement d'influence sur ses cris de fin de journée. De plus, personne n'a pu expliquer pourquoi ces coliques apparaîtraient uniquement à cette période de la journée.

7 Quand notre bébé fera-t-il la différence entre le jour et la nuit ?

↘ Les enfants ne confondent plus le jour et la nuit vers l'âge de 6 mois, mais le vrai rythme circadien s'installe à 3 semaines environ. C'est un long apprentissage. À travers les événements revenant régulièrement au cours de la journée, le nouveau-né va se constituer des repères dans le temps.

Dans l'utérus maternel, rien ne pouvait lui apprendre qu'il existait des temps différents pour rythmer la vie des humains en société : il se nourrissait sans le savoir, il dormait presque tout le temps, seuls quelques bruits pouvaient le renseigner sur ce qu'il se passait en dehors de sa bulle. Les premières semaines qui suivent sa naissance, il n'en sait guère plus. Il n'a aucune notion du temps et de l'espace, il vit dans le présent, au gré de ses besoins, n'anticipe rien et ne se souvient de pas grand-chose.

Vers la 4e semaine de vie, s'établissent les cycles circadiens. Il semble que ceux-ci soient essentiellement dus à une programmation d'ordre génétique puisqu'ils ne reposent pas uniquement sur l'alternance d'éveil et de sommeil, mais aussi sur des changements cycliques de température interne, de tension artérielle, de sécrétions hormonales et de battements cardiaques, avec une accélération aux heures d'activité et un ralentissement aux moments de repos.

Les recherches sur le sommeil ont montré que l'horloge interne de l'homme est réglée sur un temps de 25 heures, le bébé n'échappe pas à cette règle biologique, seule la vie en société l'obligera à passer à 24 heures. Et c'est ainsi pour tous les bébés du monde.

Au fil des semaines et des mois, il va prendre conscience de ce qui se passe autour de lui. Il observe et peut assez rapidement exprimer par ses cris ce qu'il éprouve, plaisir ou déplaisir. Il s'aperçoit que son temps est rythmé régulièrement par les tétées et devient capable de les prévoir quelques instants avant. Très vite, il profite de ces moments pour communiquer avec sa mère, pour jouer à se regarder, à se toucher, à échanger des sons.

Retrouver le sommeil devient moins urgent, moins essentiel, les sollicitations de l'environnement de plus en plus attirantes accélèrent sa maturation cérébrale. Sa vie est parfaitement rythmée, il y a toujours les tétées, mais aussi le bain, les sorties, le retour de son père, le départ pour la crèche ou pour le domicile de sa nourrice, les retours à la maison.

PETIT CONSEIL

Il est important de lui donner les repères qui marquent le jour et la nuit. Ainsi, il est souhaitable qu'il dorme le jour dans une pièce éclairée par la lumière naturelle et la nuit dans l'obscurité. Petit à petit, il va comprendre aussi que les activités sociales se déroulent le jour et le repos la nuit, des notions qui s'installeront tout naturellement avec l'allongement du temps de sommeil sans réveil : 8 heures à 4 mois, 10 à 12 heures à 6 mois, le sommeil dans la journée prenant de moins en moins de place.

Les fins de journée sont assez vite marquées par un certain rituel, la lumière est différente, les bruits s'estompent, il fait l'expérience de l'obscurité. Ses parents lui imposent un emploi du temps social et familial, et plus celui-ci est régulier, meilleurs sont ses repères.

8 Quels sont les gestes importants pour que notre bébé entre sans difficulté dans le sommeil ?

↘ Tout ou presque se joue dans la phase d'endormissement. Il est important, dès les premiers mois du bébé, d'établir un rituel du coucher. Peu à peu, et pour longtemps, il connaîtra toutes les étapes du cérémonial qui le conduit vers l'endormissement.

Cela commence souvent par le bain en fin d'après-midi, l'eau tiède apportant une certaine relaxation. C'est en pyjama qu'il prend son « dîner », biberon ou tétée au sein. Encore quelques petits câlins, et il est l'heure de se coucher. Le dernier change et l'installation dans la turbulette se font dans une chambre peu éclairée et avec des gestes doux.

Plus le temps qui sépare l'enfant du coucher est vécu dans le calme et la douceur, plus l'enfant s'endormira facilement. En effet, les jeux, les chatouilles, les chahuts provoquent une excitation, un énervement que l'enfant ne peut pas calmer facilement, même s'il est fatigué et a envie de dormir. Avant de s'exprimer avec des mots, il montre sa fatigue et son envie de dormir avec son corps. Il ne joue plus, il se tasse dans son siège, il a le regard dans le vague, bâille parfois, geint plus qu'il ne pleure.

C'est la qualité des activités diurnes qui fait celle du sommeil.

L'enfant dort d'autant mieux que sa journée a été riche en expériences, notamment s'il a eu l'occasion de faire une promenade et, plus tard, quand il marchera, s'il a pu jouer en plein air.

PETIT CONSEIL

Proposez à l'enfant son doudou ou sa peluche favorite, fredonnez-lui une petite chanson douce, faites-lui un petit baiser sur le front et éloignez-vous sur la pointe des pieds. Si l'enfant pleure, ne cédez pas à ses appels, parlez-lui de loin pour qu'il sache qu'il n'est pas seul. Car ce que l'enfant craint le plus, c'est la séparation d'avec ceux qui l'aiment.

Certains gestes sont importants pour aider un enfant à trouver le sommeil, mais d'autres sont à éviter si vous voulez vous aussi dormir. Par exemple, n'endormez pas votre enfant en le promenant dans vos bras ou dans sa poussette, ou encore en le mettant dans votre lit. Le nourrisson s'habitue à ces rituels qui lui deviennent indispensables pour s'endormir ou se rendormir à toute heure de la nuit. Épuisés, vous n'aurez alors pas d'autre choix que d'apprendre à votre bébé à s'endormir et à se rendormir seul.

9 La poussée dentaire a-t-elle une influence sur la qualité du sommeil de notre enfant ?

↘ Aujourd'hui, la poussée dentaire chez le bébé est reconnue comme douloureuse. En fait, c'est l'inflammation de la muqueuse de la gencive, due à la poussée de la dent au travers des chairs, qui provoque une sensation douloureuse.

L'enfant ressent tout particulièrement la douleur lorsqu'il est allongé car, dans cette position, la pression sanguine est plus forte et l'attise. En soulevant légèrement le matelas du lit de l'enfant, elle devient un peu moins forte.

De plus, il n'y a aucune raison de ne pas soulager un enfant qui souffre par un peu d'aspirine et de paracétamol, en dosage nourrisson et en alternance.

Vous pouvez y associer, si votre enfant pleure beaucoup, un traitement local médicamenteux ou à base d'huiles essentielles en massages, ceux-ci ayant déjà par eux-mêmes des vertus calmantes.

Les huiles de thym, d'origan et de sarriette sont reconnues pour leur efficacité, tout comme le gel de calendula (préparation à demander en pharmacie).

L'homéopathie est encore une solution avec des granules de *Chamonilla*, camomille allemande. Le médecin homéopathe vous indiquera la quantité et le CH selon l'enfant.

La douleur de la poussée dentaire, de nuit comme de jour, n'a jamais été prouvée scientifiquement. Elle serait fantasmagorique. On sait bien que les dents mordent et dévorent, les ogres officiant dans bon nombre de contes sont là pour le prouver.

PETIT CONSEIL

La poussée dentaire est parfois accompagnée d'un petit rhume qui gêne la respiration du petit dormeur. Vous pouvez, avant de coucher votre enfant, lui dégager les voies nasales à l'aide d'un mouche-bébé, mais n'en abusez pas.
La poussée dentaire provoque souvent un érythème fessier douloureux en raison de selles liquides et plus acides que d'habitude. Des changes fréquents, des soins locaux à base d'éosine et de pommade spécifique viendront à bout de cet érythème.

10 À 5 mois, notre bébé ne fait toujours pas de nuit complète, que pouvons-nous faire ?

Il est temps de lui apprendre à dormir, seul dans sa chambre et dans le silence de la nuit. Un enfant de plus de 4 mois n'a plus besoin d'un repas au milieu de la nuit. S'il se réveille et ne peut pas retrouver le sommeil sans un biberon, c'est qu'il croit que cela lui est nécessaire pour se rendormir.

Si vous le laissez dans l'erreur, petit à petit, il ne fera plus la différence entre ses sensations de faim et de sommeil. La technique pour retrouver le sommeil est simple mais quelque peu éprouvante, heureusement pour un temps très court, tout au plus deux à trois nuits.

Au moment de l'endormissement, vous vérifiez que toutes les conditions pour bien dormir sont là... Puis vous le laissez dormir et retrouver seul son sommeil au cours de la nuit. Il va pleurer, sans doute beaucoup la première nuit, beaucoup moins la deuxième pour se contenter d'un grognement la troisième. L'essentiel est de tenir.

> **PETIT CONSEIL**
>
> **Gardez votre calme, vous devez être persuadés de réussir son éducation au sommeil, même si cela vous demande beaucoup d'efforts et si votre enfant a besoin de plusieurs nuits pour y parvenir. L'avenir de vos nuits à tous trois en dépend. Cela vaut donc la peine d'essayer !**

Si au bout de quelques nuits, les pleurs n'ont pas cessé, si vous êtes trop angoissés, n'entrez pas dans sa chambre. Parlez-lui doucement derrière la porte, dites-lui qu'il n'est pas seul mais que c'est l'heure pour lui comme pour vous de dormir. Si c'est encore au-dessus de vos forces, approchez-vous de son berceau mais ne le prenez pas dans vos bras, caressez-lui doucement le front et les mains, essayez de lui proposer de téter son pouce tout en l'encourageant à se rendormir.

La méthode n'est efficace que si les deux parents sont persuadés de son bien-fondé. Il ne doit pas y avoir de tension entre vous ni de manœuvre contradictoire de l'un de vous. Le calme des parents rassure toujours l'enfant.

Les enfants, qui n'ont pas appris à retrouver seuls le sommeil, peuvent s'engager dans des troubles jusqu'à l'âge de 6 ou 7 ans.

11 Qu'est-ce qui peut perturber le sommeil de notre enfant qui a moins de 1 an ?

↘ Comme chez l'adulte, le sommeil de l'enfant est sensible à un certain nombre d'agents extérieurs, notamment les bruits. Ce ne sont pas forcément des bruits très forts, mais plutôt inhabituels. Les circonstances du premier endormissement ont aussi beaucoup d'importance.

Un bébé qui s'endort dans les bras de sa mère ou sur le canapé, bercé par le bruit de la télévision, risque d'être complètement désorienté lorsqu'il s'éveille au milieu de la nuit entre deux phases de sommeil : il ne trouve plus les conditions qui l'ont conduit au sommeil et les réclame naturellement. Attention encore à la surstimulation tout au long de la journée : l'enfant trop sollicité est fatigué, voire épuisé, et ne réussit qu'avec beaucoup de difficulté à retrouver le calme propice aux manifestations du sommeil.

Les tensions familiales ou la tristesse peuvent encore perturber son sommeil. En effet, l'enfant ressent la manière inhabituelle dont ses parents s'occupent de lui,

On ne réveille jamais un enfant qui dort sous prétexte qu'il n'a pas mangé. Le sommeil est pour lui le plus important, il rattrapera son repas manqué lors du suivant.

ils lui parlent moins, lui sourient plus rarement, le prennent peu dans leurs bras. Bref, le bébé, même tout petit, perçoit que quelque chose est différent mais comme il ne peut en comprendre la raison, il se sent moins en sécurité, il est plus anxieux et peut souffrir de troubles du sommeil.

Certains changements dans la vie quotidienne de l'enfant sont des causes possibles de mauvais sommeil. Par exemple, les vacances qui modifient les habitudes de toute la famille et apportent un autre décor environnant, ou l'absence de ses parents pour un week-end, même s'il est confié à la garde d'une de ses grands-mères, qu'il connaît pourtant bien.

L'enfant peut aussi être sous l'influence d'excitants. Ainsi, le tabagisme passif de ses proches lui fait inhaler une grande quantité de nicotine. Ou encore, s'il est toujours nourri au sein, la consommation par sa mère de café, de thé ou d'alcool apporte à son organisme les mêmes substances mais à des doses plus importantes, compte tenu de son poids.

Enfin, certains enfants souffrent de perturbations dans le rythme de leur sommeil en raison des obligations professionnelles de leurs parents. Ils sont, par exemple, réveillés au milieu d'un cycle de sommeil, en raison d'un départ à la crèche ou chez la gardienne.

D'une manière générale, on parle sans doute abusivement de troubles du sommeil chez l'enfant, il s'agit plutôt de troubles du réveil.

PETIT CONSEIL

C'est votre calme et votre confiance qui donnent à votre bébé le sentiment de sécurité propice à son endormissement. Ne vous précipitez donc pas vers lui dès ses premiers cris ou à son premier grognement, l'enfant doit apprendre à se rendormir seul.

Les bébés, en raison de leur organisation neurologique, sont particulièrement doués pour se réveiller. La majorité d'entre eux se réveillent et se rendorment tranquillement sans que leurs parents s'en aperçoivent. Mais certains nourrissons manifestent par des cris leur désir de contact. Ils ont besoin d'être rassurés sur la présence de leurs parents, mais à distance.

12 Peut-on laisser seul un tout petit bébé qui dort ?

Lorsque l'enfant a appris « à faire ses nuits », il peut être tentant, pour les parents, de le laisser quelques heures pour profiter d'un peu de loisirs ou tout simplement pour faire une course au coin de la rue. Le problème est que l'on ne peut pas avoir confiance dans le sommeil du nourrisson.

Il n'a pas toujours la même intensité : dans les premières semaines de vie, son sommeil se découpe en phases de 40 minutes avec une phase de semi-réveil entre elles. De plus, un bébé peut être victime d'un embarras gastrique, avoir une petite fringale ou être dérangé par un bruit de la rue. Bref, son réveil est toujours possible.

Généralement, le nourrisson pleure pour appeler ses parents à l'aide, notamment s'il rencontre une difficulté qu'il ne peut surmonter seul. Ignorant l'absence de ses parents, il ne comprend pas pourquoi ceux-ci ne répondent pas à ses cris. Il ressent alors une grande angoisse, s'énerve, a de plus

Jusqu'à 6 mois, les bébés peuvent accompagner leurs parents chez des amis. Pour lui permettre de retrouver un peu de son cadre, emportez son couchage et quelques jouets qu'il aime particulièrement.

en plus chaud et la sueur perle sur son visage et envahit son corps.

Aux cris et à l'agitation de tous ses membres correspondent une accélération de son cœur et une dilatation des vaisseaux. Les dépenses de son organisme sont intenses. Ses spasmes vont devenir de plus en plus nombreux et son angoisse de plus en plus profonde. À cela, il faut ajouter les risques de déshydratation.

PETIT CONSEIL

Il vaut mieux emmener votre bébé avec vous, dans son landau ou dans un porte-bébé. Là, il poursuivra son sommeil. Si vous prévoyez une absence longue, la solution idéale est de confier votre bébé à une halte-garderie pour les absences de jour et à une baby-sitter pour les sorties du soir.

13 Comment adapter le rythme du sommeil de notre bébé à nos contraintes professionnelles ?

↘ La première difficulté pour les parents faisant appel à un mode de garde est de devoir parfois réveiller leur bébé très tôt, alors qu'il est encore endormi. La meilleure solution consiste à essayer de trouver à quelle heure il faut le coucher pour qu'il s'éveille naturellement, au bon moment.

L'horloge interne du bébé veut qu'il se réveille toujours à peu près à la même heure, après 9 à 10 cycles de sommeil d'une heure environ. Selon les enfants, le temps de sommeil réparateur varie de 8 à 12 heures. La période des congés de maternité peut être utilisée à ce repérage. Si vous devez pourtant le réveiller, attendez qu'il ait fini une phase de sommeil, l'éveil sera alors plus facile. Caressez-lui les mains, faites-lui des petits baisers, mettez une petite musique au rythme tonique, d'abord très basse, puis montez doucement le son.

Jouez avec la lumière du jour ou la lumière électrique, s'il fait encore nuit. Faites monter progressivement la luminosité pour atteindre une clarté normale. Attendez qu'il soit bien réveillé pour le prendre dans vos bras.

Il existe dans beaucoup de crèches un carnet de correspondance qui fait le relais entre la famille et le personnel. C'est un bon outil pour se transmettre mutuellement des informations sur le sommeil du bébé.

Autre difficulté : comment organiser les temps de repos de l'enfant afin qu'il puisse profiter d'une vie de famille en fin de journée ? La seule solution est de jouer sur son temps de sieste du matin et de l'après-midi, si vous voulez qu'il conserve une durée normale de sommeil, selon son âge, sur 24 heures. Vous devez donc expliquer la situation à la personne qui s'occupe de l'enfant pour qu'elle veille à ce que l'enfant fasse une bonne sieste de 2 heures et demie à 3 heures. Ainsi, votre enfant est disponible pour toutes les interactions avec vous en fin de journée et vous pouvez retarder l'heure de son coucher de manière à ce qu'il fasse une nuit de 10 à 8 heures.

14 L'alimentation du soir a-t-elle une influence sur le sommeil de notre bébé ?

On croit couramment qu'un bébé fait ses nuits dès lors qu'il a un repas plus consistant le soir, notamment quand il est en âge, vers 5 mois, de prendre un biberon où l'on a ajouté une farine infantile. En réalité, il s'agit d'une heureuse coïncidence.

En effet, la maturité cérébrale d'un enfant de cet âge lui permet de dormir de 8 à 10 heures d'affilée. De plus, il a normalement aussi appris à faire ses nuits, c'est-

Les jours d'été, pensez qu'un bébé peut avoir soif la nuit et qu'il est alors indispensable de répondre à ses appels.

à-dire qu'il est capable de se rendormir seul. Par contre, un mauvais dosage dans la recomposition du lait infantile, ou une quantité plus importante que celle recommandée, peut être à l'origine de troubles du sommeil en raison d'embarras gastriques. D'une manière générale, tous les régimes alimentaires déséquilibrés perturbent le sommeil de l'enfant.

Mange-t-il assez ou mange-t-il trop ? Ses pleurs sont-ils en relation avec son régime alimentaire ? Des questions que se posent bien des parents. Si l'enfant est nourri au sein, il règle lui-même ses apports et le lait maternel se modifie avec le temps pour satisfaire parfaitement ses besoins. L'alimentation du bébé nourri au biberon suit une règle simple : la ration quotidienne de lait est directement en relation avec son poids.

Dans les deux cas, la courbe de poids reste la meilleure référence. Seuls une courbe trop basse et un bébé qui pleure signifient le plus souvent que celui-ci est affamé. Pourtant, il existe aussi des enfants qui réclament tout le temps d'être nourris, jour et nuit. Il y a deux raisons possibles à ce comportement : soit ils n'ont pas découvert la sensation de satiété, soit ce sont leurs parents qui n'ont pas trouvé d'autres réponses à leurs pleurs que de les nourrir.

PETIT CONSEIL

Le trouble dont souffrent ces enfants est double : ils règlent leur mal-être uniquement en mangeant et ils ne réussissent pas à dormir assez longtemps pour récupérer de leur fatigue. Respecter les quantités alimentaires journalières est recommandé pour éviter le risque de surpoids et pour lutter contre les troubles du sommeil.

Enfin, il existe un cas particulier, celui des enfants allergiques à la protéine du lait de vache. Aux manifestations digestives, cutanées ou respiratoires s'ajoutent un sommeil particulièrement agité et une transpiration abondante une fois endormis.

L'intolérance au gluten, qui apparaît souvent à la fin de la première année, peut également perturber le sommeil. Un régime adapté redonne à tous ces enfants des nuits douces et calmes.

15 Notre bébé dort-il mieux dans notre chambre, à côté de nous, ou seul dans une chambre à lui ?

↘ C'est un vrai débat entre spécialistes. Certains sont pour le berceau dans la chambre des parents, tout au moins les premiers mois, affirmant que cette solution est plus pratique pour les parents et plus rassurante pour les enfants qui apprécient leur présence, d'autres sont contre.

Les inconvénients de la présence du berceau dans la chambre des parents servent d'arguments à ceux qui y sont défavorables : ce n'est pas le meilleur moyen pour un enfant d'apprendre à acquérir une bonne autonomie dans le sommeil, son éducation au sommeil est alors particulièrement difficile, enfin il faudra bien qu'un jour l'enfant accepte de dormir seul dans sa chambre.

Lui demander de changer d'habitudes et de rituels ne sera pas simple. De plus, cette pratique ne préserve pas l'intimité des parents, que l'enfant doit aussi apprendre à respecter. Certains parents ont imaginé une solution intermédiaire : l'un d'entre eux dort dans la chambre du bébé, lui offrant une présence rassurante.

Le principal inconvénient est bien sûr que les relations du couple parental en souffrent. Quelle solution adopter ?

Si vous pouvez disposer d'une chambre pour votre bébé et si elle est contiguë à la vôtre, il est sans doute préférable que l'enfant s'y installe dès son retour de

Ne bousculez pas trop souvent le décor de la chambre de votre bébé. Il a besoin d'y retrouver ses repères pour s'y endormir en toute quiétude.

la maternité. Il y prendra ses repères : la couleur du papier peint, les effets de lumière sur les murs, les meubles et les objets qui s'y trouvent en permanence seront pour lui d'un grand réconfort. Progressivement, il aimera ce lieu et trouvera qu'il est agréable d'y dormir.

Quant à la pratique consistant à transformer le lit conjugal en lit familial, la plupart des spécialistes du sommeil y sont opposés. Ils estiment d'abord qu'elle est dangereuse : l'enfant peut trop facilement glisser dans le lit ou être « écrasé » par l'un de ses parents profondément endormi.

L'expérience montre encore que les parents, attentifs à leur enfant, dorment assez mal dans ces conditions. Il semble aussi que l'on puisse voir dans cette habitude le refus des parents de se séparer même la nuit de leur bébé, preuve d'une certaine difficulté psychique.

PETIT CONSEIL

S'il est vrai que le nourrisson ou l'enfant s'endort très facilement au contact d'un de ses parents, il est souhaitable de ne pas succomber à cette facilité car ce n'est pas ainsi qu'un enfant apprend à s'endormir seul et à se rendormir « comme un grand » entre ses diverses phases de sommeil. Pensez encore qu'une fois qu'il aura pris cette habitude, vous aurez beaucoup de mal à lui demander de s'en passer.

16 Est-ce vrai que plus un bébé est tonique, plus il est mauvais dormeur ?

↘ Chaque enfant est unique, même dans la quantité et la qualité de son sommeil, il existe donc une grande variabilité dans ce domaine. Pourtant, généralement, les gros dormeurs le resteront et les petits aussi.

Ne calquez pas vos souvenirs de petits dormeurs sur les habitudes de votre bébé. Chaque individu a sa personnalité, même dans la qualité de son sommeil.

On sait aujourd'hui que, dès la naissance, les bébés ont déjà leur tempérament : il existe des enfants actifs, calmes et moyennement actifs, ou calmes selon le regard des parents. Ces caractéristiques influencent les rythmes du sommeil. Ainsi, un bébé actif qui réagit facilement aux stimulations aura beaucoup plus de difficultés à trouver le calme intérieur nécessaire pour s'endormir que celui qui le connaît pratiquement en permanence.

D'autre part, les parents se comportent différemment selon la nature de leur enfant : plus celui-ci manifeste du plaisir à être sollicité, plus ses parents jouent avec lui, lui parlent, le touchent, et entretiennent ainsi son énergie naturelle, rendant difficiles les conditions d'un endormissement facile.

Ces enfants actifs ont souvent besoin d'être aidés. Ils trouvent plus aisément le sommeil si aux jeux succède un moment de tranquillité, pelotonnés contre l'un de leurs parents, doucement balancés au rythme d'une berceuse. Pour d'autres enfants, c'est leur réveil très matinal qui gêne les parents. Les coucher plus tard ne sert généralement à rien puisque leur horloge interne est ainsi réglée.

PETIT CONSEIL

La solution vis-à-vis de ces enfants lève-tôt passe par un changement d'habitudes : les cris, les pleurs du matin peuvent être remplacés par la gaieté et les jeux, s'ils trouvent dans leur lit, à leur réveil, leurs jouets favoris. Il faut pourtant qu'ils consentent à patienter un peu pour prendre leur petit-déjeuner.

17 Peut-on avoir recours aux médicaments pour faire dormir un bébé ?

↘ L'emploi de ces produits doit être strictement contrôlé par un médecin et impérativement limité dans le temps, à quelques jours tout au plus.

Il ne peut être anodin d'utiliser des modificateurs puissants du système nerveux central à une phase fondamentale du développement de l'intelligence et de la personnalité. En effet, les sirops calmants plongent l'enfant dans un sommeil profond et lourd où les rêves n'existent pas. Or le rêve est nécessaire pour grandir car il permet de faire la différence entre l'imaginaire et le réel.

Si, dès l'enfance, vous lui avez appris à trouver le sommeil grâce aux produits chimiques, comment lui expliquerez-vous, adolescent, qu'il faut assumer ses angoisses sans le recours au hachisch ?

Certains médecins pensent même que ces produits utilisés abusivement nuisent à la construction psychique de l'enfant et que cette consommation expliquerait celle, à l'âge adulte, de tranquillisants, de neuroleptiques, voire de stupéfiants.

Le médicament ne doit intervenir que dans les cas très rares où aucune autre solution n'a pu interrompre le cercle vicieux de l'insomnie. Malheureusement, les parents ont trop souvent recours aux somnifères : à 3 mois, 7 nourrissons sur 100 ont déjà reçu des tranquillisants ou du sirop pour dormir, à 9 mois, ils sont 16 %. Ces chiffres sont ceux des médecins et ne tiennent pas compte de l'automédication, notamment celle des sirops antitussifs aux propriétés hypnotiques et calmantes.

18 Notre enfant, jusqu'à l'âge de 6 mois, dormait bien, depuis quelques semaines il a beaucoup de difficultés. Pourquoi ?

↘ Un bon sommeil n'est pas acquis une fois pour toutes et pour toute l'enfance. Certaines étapes dans le développement de l'enfant sont marquées par des troubles normaux du sommeil. Il faut même les considérer comme un bienfait puisqu'ils témoignent que l'enfant grandit.

Bon nombre d'enfants à 6 mois manifestent des difficultés à l'endormissement, celui-ci devient plus long et peut parfois demander presque une heure. L'explication du phénomène est simple : plus l'enfant grandit, plus son environnement l'intéresse, plus il a conscience de la présence et de l'absence de ses parents et plus la séparation d'avec le monde des adultes pose problème.

En outre, son sommeil se modifie : il réduit naturellement son temps de sommeil, notamment la part de sommeil paradoxal, celui du rêve. Il lui arrive aussi de se réveiller au cours de la nuit et de pousser un petit cri. Si ses parents n'interviennent pas, il se rendort spontanément.

Vous allez devoir faire comprendre à votre enfant qu'il doit apprendre à s'endormir seul. Voici comment vous pouvez procéder en douceur. Couchez votre enfant dans les meilleures conditions, donc en respectant le rituel établi depuis ses premières semaines. Laissez-le seul dans sa chambre.

Si l'enfant pleure, attendez 5 minutes avant d'entrer dans sa chambre. Ce temps écoulé, poussez simplement la porte pour lui dire calmement qu'il doit dormir et repartez. S'il pleure encore, attendez cette fois 10 minutes avant de recommencer la même manœuvre. S'il pleure toujours, attendez 20 minutes, entrez dans sa chambre pour voir s'il ne souffre pas d'un problème particulier et repartez, 20 minutes encore si besoin.

Dans toute démarche éducative, notamment en ce qui concerne le sommeil, les enfants qui n'aiment pas respecter les règles en ont besoin pour se sentir en sécurité psychique, et pouvoir se construire.

Vous procèderez ainsi le temps qu'il faut pour qu'il s'endorme seul. Ce savoir-faire est très ancien et reconnu comme très efficace, même si les difficultés d'endormissement ne sont pas nouvelles. Le temps d'attente entre les différentes interventions est modulable selon les parents, l'important étant que le bébé s'allonge progressivement.

PETIT CONSEIL

Si d'autres épisodes difficiles survenaient, il suffit de recommencer, l'enfant cherchant simplement à vérifier que les limites que vous lui imposez sont bien toujours les mêmes. D'une manière générale, entre 6 mois et 1 an, un enfant dort un peu moins bien et semble plus sensible aux éventuels changements.

19 Comment donner un bon sommeil à un enfant de 1 an ?

↘ À ce stade de son développement, l'enfant peut avoir des nuits agitées et quelques difficultés d'endormissement. La principale aventure de cet âge est la marche, qu'elle soit acquise ou en passe de l'être avec des déplacements à quatre pattes, c'est donc une période de grande excitation.

À cet âge, l'exercice physique ne fatigue pas, mais accroît l'agitation. Ainsi, un enfant est capable de lutter contre les signes de somnolence qu'il perçoit en mobilisant toute son énergie : il rit, pleure, se démène activement dans tous les sens. Ses nouvelles capacités motrices lui procurent une conscience encore plus développée du monde qui l'entoure et des personnes qui le peuplent.

Se coucher constitue pour lui une véritable frustration, et il ressent comme un abandon le fait de se réveiller seul dans sa chambre en pleine nuit. C'est pourquoi l'enfant manifeste son angoisse au milieu de la nuit, généralement quatre heures après l'endormissement : il pleure et souvent appelle, debout dans son lit, prenant appui aux barreaux.

Attention, l'hyperactivité du soir est souvent le signe d'un manque de sommeil.

Le bon déroulement du coucher dépend de ce que votre enfant aura « appris » au cours de sa première année. À 1 an, il doit savoir dormir seul et même retrouver son lit avec plaisir. Il est sensible au respect du rituel établi depuis sa naissance : allongé dans son lit alors qu'il est encore éveillé, il retrouve son doudou et le respire avec bonheur, il écoute le son de la voix de sa mère ou de son père qui lui raconte une petite histoire, souvent la même.

Il y a de grandes chances pour qu'il teste votre autorité et qu'il essaie de prolonger ce moment. Là encore, il faut parler avec lui, lui annoncer que c'est la dernière histoire, ou la dernière petite chanson, l'embrasser, lui souhaiter une bonne nuit et éteindre la lumière. Il insistera peut-être quelques jours, mais la fermeté de ses parents doit le décourager.

> **PETIT CONSEIL**
>
> **Un enfant a besoin d'être rassuré sur la présence de ses parents. Incitez-le à se recoucher seul, parlez avec lui, expliquez-lui que vous souhaitez qu'il se rendorme et comment vous allez l'aider à y parvenir. Les enfants, quel que soit leur âge, comprennent souvent beaucoup plus que ne pourrait le laisser penser leur degré de langage.**

Ses difficultés dans le sommeil sont souvent le résultat de mauvaises habitudes. Parmi les plus courantes : celles d'avoir continué à nourrir l'enfant la nuit, de l'endormir en le promenant dans vos bras ou en poussette, voire en voiture, de l'avoir laissé investir votre lit à la suite d'un épisode infectieux ou d'une maladie infantile. Pour bien dormir, l'enfant doit retrouver, lors de ses réveils nocturnes, les conditions qui l'ont amené à s'endormir, et notamment son lit.

Ainsi, bien des pleurs nocturnes sont dus au fait que l'enfant s'est endormi à un endroit et se réveille à un autre, totalement perdu. Céder à un enfant qui ne veut pas aller se coucher et qui finit par s'endormir sur le canapé du salon augure des nuits agitées.

Le rythme veille-sommeil

- L'alternance veille-sommeil évolue rapidement au cours de la 1re année. À partir de 2 ans, elle est proche de celle de l'adulte. Mais il faudra attendre que l'enfant ait 15 ans pour que son sommeil soit comparable à celui de l'adulte. Dès le 3e mois, 70 % des bébés dorment déjà 8 à 9 heures d'affilée la nuit, ils sont 83 % à 6 mois et 95 % environ à 1 an. À cet âge, la plupart des enfants font une grande nuit et une sieste de 2 heures en moyenne.
- Le rythme veille-sommeil s'établit d'abord sur des bases physiologiques et, plus l'enfant grandit, sur des bases psychologiques. La notion de sentiment de sécurité prédomine tout au long de l'enfance. Il semble que ce sont des données génétiques qui établissent les gros et les petits dormeurs
- La majorité des troubles du sommeil sont sans gravité et reposent le plus souvent sur des malentendus et des problèmes éducatifs. Il est illusoire de croire que les somnifères aident les enfants à dormir, ils n'apportent généralement qu'une solution temporaire.

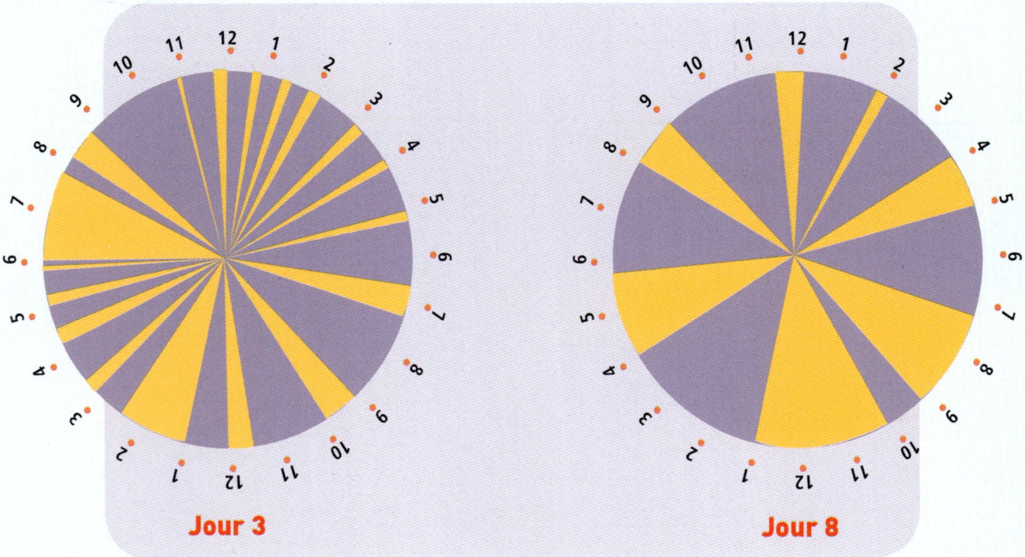

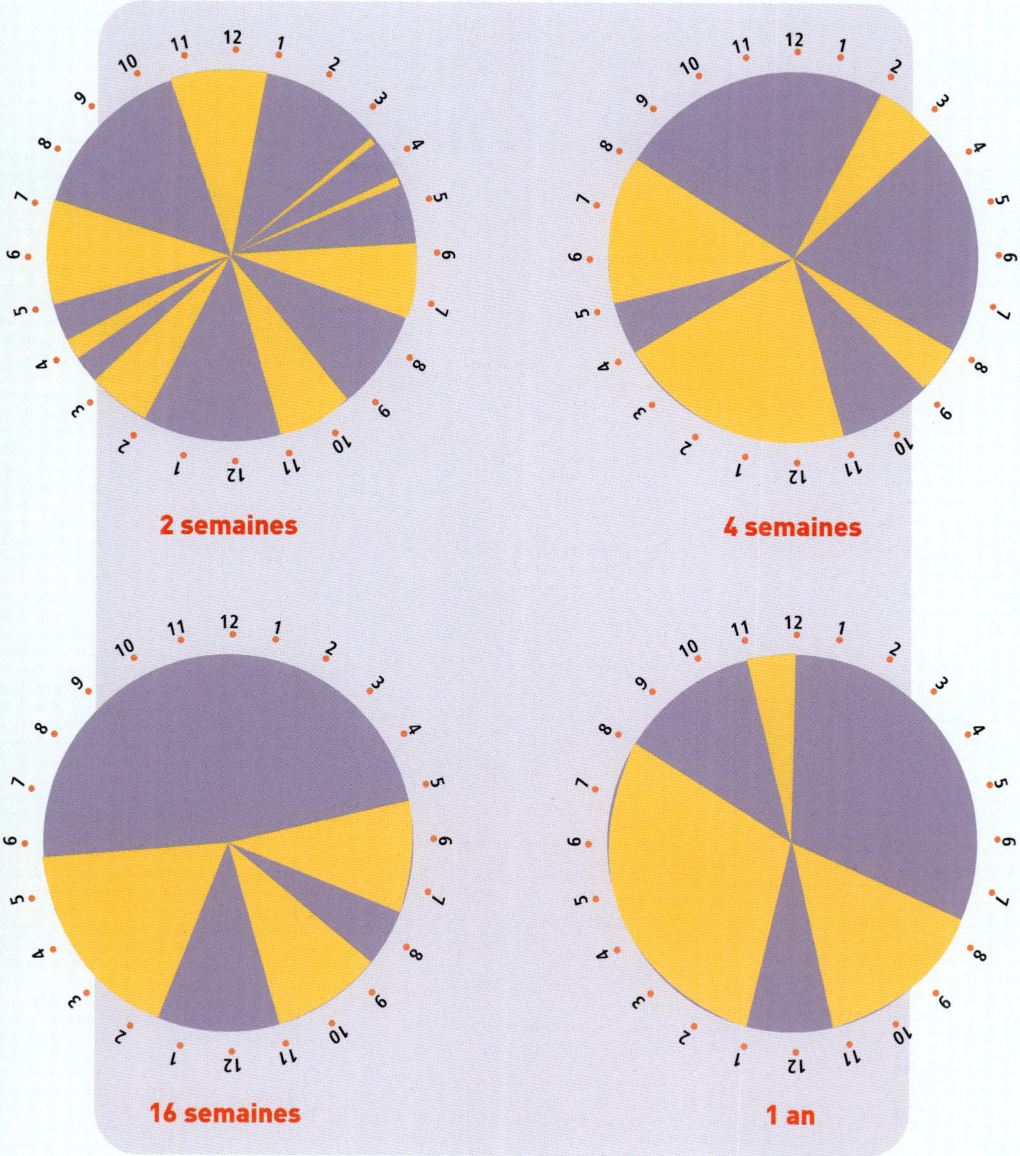

RÉPARTITION DU SOMMEIL AU COURS DES 24 HEURES
(d'après Arnold Gesell, *Embryologie du comportement).*
Le sommeil est en mauve, la veille en jaune, minuit est en haut, midi en bas.

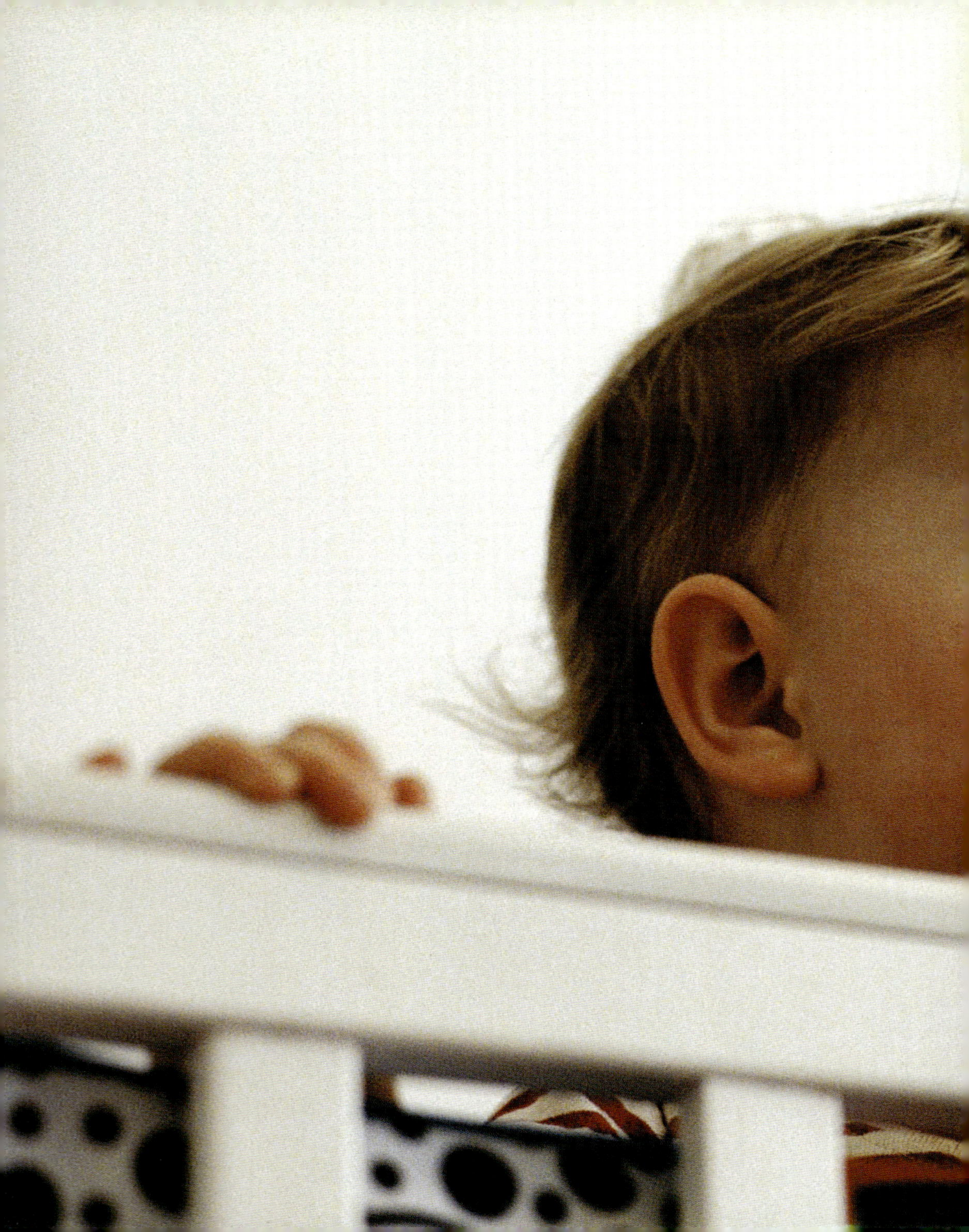

Au cours de la 2e année

C'est la qualité de ses activités du jour qui fait celle de ses nuits. Un rythme de vie stable donne les bases d'un bon sommeil.

20 En grandissant, notre enfant a de plus en plus de difficulté à trouver le sommeil, pourquoi ?

↘ L'enfant met davantage de temps à s'endormir, il peut attendre entre un quart d'heure à une heure avant de trouver le sommeil : son tonus musculaire se relâche plus lentement, la température de son corps s'abaisse moins rapidement, le cours de ses pensées s'apaise moins vite.

Un réveil joyeux et heureux contribue à donner à l'enfant une idée agréable du sommeil.

Pour occuper ce temps, pour grignoter quelques minutes, il impose des rites : un verre d'eau, un peu de musique, un baiser. Plus il grandit, plus il prend conscience que le sommeil prend un sens nouveau : il lui faut se séparer de ses parents.

L'heure qui précède le sommeil a une grande importance. Si elle a été agitée physiquement ou psychiquement, le sommeil risque de ne pas venir aisément et la nuit peut être mouvementée, voire de mauvaise qualité. En revanche, si la fin de la journée a été calme, sereine, tendre, le sommeil s'imposera comme une suite logique à la détente.

L'entrée dans le sommeil se prépare par le bain. Depuis toujours, l'eau est reconnue comme le meilleur élément pour aider le corps à retrouver une vraie sensation de bien-être. Elle déclenche dans l'organisme une chimie intérieure, une sécrétion particulière qui donne au corps et à l'esprit les moyens de se relâcher.

De plus, le bain permet un rapport au corps différent de celui que l'enfant a connu au cours de la journée, lorsque son corps était en mouvement. C'est le premier rituel vers l'endormissement. Il sollicite les contacts peau à peau, la main qui lave dessine les contours d'un corps que l'enfant perçoit de mieux en mieux comme le sien. L'eau tiède, les caresses, les mots tendres qui souvent les accompagnent, rassurent l'enfant sur l'amour de sa mère. En grandissant, il se lavera seul apprenant à apprécier son corps et établissant ainsi de bonnes assises narcissiques. Pour dormir toute la nuit, il faut donner un nouveau statut à son corps. Aimer son corps, avoir le sentiment qu'il vous appartient et qu'il fait un tout, chasse les angoisses de morcellement qui perturbent l'endormissement.

PETIT CONSEIL

L'attention apportée à cette entrée de votre enfant dans une phase particulière de la journée conditionne pour beaucoup la qualité de son endormissement.
Il est souhaitable que le repas du soir se déroule dans le calme. L'enfant sera d'autant plus serein qu'il dîne seul en compagnie d'un de ses parents, entièrement disponible.

Le bain est suivi d'une autre mise en condition : avant que l'enfant n'aille au lit, on lui enfile des vêtements doux, souples, très confortables, propices à se laisser aller et à se libérer des trop-pleins d'énergie de la journée.

Une ambiance calme, la lecture de quelques livres, l'assemblage d'un premier puzzle, une lumière ambiante chaude, une atmosphère feutrée favorisent le repli sur soi et un apaisement de tous les stress. Bref, prendre la direction de sa chambre lorsque les bâillements se font plus nombreux ne pose alors aucune difficulté.

Là, l'enfant prendra la position qui lui convient le mieux pour trouver le sommeil : sur le dos, sur le ventre, à cet âge, cela n'a plus d'importance. Certains choisiront de se caler dans un coin de leur lit, d'autres étonnamment s'endorment à genoux, les fesses en l'air. Il n'y a aucune raison de les déranger puisqu'ils dorment !

21 Il lui arrive encore de temps en temps de se réveiller en pleine nuit, est-ce normal ?

La deuxième année est riche en nouvelles acquisitions : motricité de plus en plus autonome, explosion du langage, prémices du contrôle des sphincters. Si l'enfant est surexcité par tout ce qu'il veut apprendre et dominer de mieux en mieux le jour, il semble qu'il traverse une phase régressive la nuit.

Il réclame alors souvent la présence d'un de ses parents comme lorsqu'il était plus petit. Rassurez-vous, ces réveils nocturnes sont passagers et rarement réguliers. Après l'avoir rassuré les premières fois, laissez votre enfant retrouver seul son sommeil, faute de quoi il peut considérer votre présence comme indispensable… tous les soirs !

À cet âge, l'enfant traverse une phase d'opposition, ce qui peut avoir des répercussions sur son sommeil. Il dit « non » à tout. Souvenez-vous toujours que c'est en disant « non » qu'il apprend à dire « oui ».

Il semble que les réveils nocturnes soient relativement fréquents à cet âge. Certains enfants se réveillent après minuit avant d'entrer dans un nouveau cycle de sommeil. Selon les études, 60 à 40 % des enfants de 18 mois « dorment » avec une interruption par nuit, et 20 % avec plusieurs.

Heureusement, tous ces enfants n'ont pas besoin de leurs parents pour se rendormir, ils restent éveillés, les yeux grands ouverts dans la nuit, jouent un peu avec leur couverture ou leur doudou et finissent par se rendormir tout seuls. Lorsque l'enfant ne réussit pas à retrouver le sommeil, les parents doivent aller le voir et le rassurer : il faut alors le recoucher, lui donner un petit baiser sur le front et lui demander de se rendormir puisque c'est le moment où toute la maisonnée est endormie. Si cette première intervention ne suffit pas, vous pouvez appliquer le programme d'interventions progressives destiné aux bébés (p. 27).

PETIT CONSEIL

Montrez-vous résolus dans votre discours. Votre enfant doit être persuadé que vous resterez fermes sur vos positions : il doit dormir dans son lit.

22 Lui faire faire la sieste devient de plus en plus difficile. Faut-il le forcer ?

↘ Au cours de la seconde année, l'enfant abandonne le petit somme qu'il faisait dans la matinée. Par contre, il a toujours besoin d'une bonne sieste en début d'après-midi. Certains enfants ont des difficultés à accepter cette rupture avec le monde passionnant qui les entoure.

Curieusement, ce sont les enfants qui fréquentent les crèches qui ont souvent le plus de mal à faire la sieste. Installés dans leur lit-parc, ils sont trop sollicités par tout ce qu'il y a à voir. De plus, avec l'acquisition de la position verticale, ces enfants aiment s'accrocher solidement aux barreaux pour expérimenter leur nouvelle performance. Ils s'y cramponnent, refusant de s'allonger jusqu'au moment où la fatigue prend le dessus.

Jeannette Bouton, spécialiste du sommeil, a mis au point une technique simple pour les aider à trouver le sommeil : le change ayant été fait avant le repas, l'enfant est couché aussitôt sur un matelas au ras du sol et enveloppé d'un grand drap, il y est blotti comme dans un terrier mais de manière à ce que son regard puisse apercevoir la lumière. Lorsque l'enfant est endormi, les puéricultrices dégagent légèrement le drap au-dessus de sa tête.

À la maison, la sieste est un moment de sommeil qui n'est jamais source d'angoisse pour l'enfant, il ne la perçoit pas comme un abandon ou une séparation : l'enfant sait qu'à quelques mètres de lui, dans la pièce à côté, sa mère ou la personne qui le garde est là, attentive au moindre de ses signes.

Refuser de faire la sieste à cet âge est souvent un bon moyen de s'opposer, la persuasion des parents est d'autant plus efficace que ce temps de sommeil n'a presque jamais d'enjeux affectifs.

Et puis, il ne fait pas nuit et la pénombre permet de bien distinguer l'environnement rassurant. Enfin, il a appris que la sieste se termine toujours par des activités agréables : la promenade, les jeux, le goûter.

PETIT CONSEIL

La sieste est d'autant plus utile que l'enfant a du mal à se coucher le soir, elle l'empêche d'accumuler un certain manque de sommeil se manifestant le plus souvent par une surexcitation, source de conflit et même parfois de punition. Ne pensez surtout pas qu'il dormira mieux le soir s'il n'a pas fait de sieste, c'est fréquemment l'inverse qui se produit. Le sommeil de la sieste est un sommeil lent, généralement sans rêve.

23 Pourquoi les enfants ont-ils besoin d'un doudou pour trouver le sommeil ?

↘ Les « psy » ont baptisé ce morceau de tissu, ou ce jouet en peluche, d'un nom beaucoup moins rigolo : « objet transitionnel ». Il a un mode d'emploi bien précis : il se tète, souvent en association avec le pouce ou la tétine.

Le reste du temps, le doudou traîne partout derrière l'enfant et disparaît toujours au moment où il ne faudrait pas. L'enfant ne peut pratiquement pas s'en séparer et cela peut durer des années. Dans la majorité des cas, c'est un tissu doux parfumé d'odeurs familiales : l'odeur corporelle de la mère ou son parfum, un peu de celle de son père, quelques traces olfactives de lait ou de nourriture ou même celles du chien ou du chat de la maison.

Les doudous personnels doivent être acceptés partout afin que l'enfant trouve des conditions d'endormissement proches de celles qu'il connaît à la maison, même dans les services hospitaliers où le respect d'une bonne asepsie est essentiel.

C'est l'amalgame des odeurs qui fait tout l'intérêt de cet objet. Mais il se peut aussi que l'enfant aime avoir un doudou propre, dans ce cas, c'est l'odeur de la lessive utilisée pour le nettoyer qui est appréciée. Enfin, certains enfants s'attachent à des objets moins doux comme leur biberon ou un jouet en caoutchouc.

Quel qu'il soit, l'objet transitionnel est un élément indispensable dans la vie de l'enfant, tout particulièrement lorsqu'il doit quitter le monde de ses parents pour celui des rêves. Voici pourquoi. Jusqu'à l'âge de 6 mois, le bébé ne fait pas la différence entre lui et sa mère, il est en totale symbiose avec elle. Peu à peu, il prend conscience que sa mère n'est pas toujours présente dans son champ de vision, elle disparaît tout à coup. Il n'aime pas qu'elle s'en aille mais ne peut rien y faire. Il est alors rassurant pour lui d'avoir constamment à ses côtés un objet familier sur lequel il peut exercer sa toute-puissance. Il servira à exprimer quantité de sentiments.

Cet objet devient petit à petit presque aussi important que sa mère. Il la remplace assez bien quand elle s'éloigne ou lorsqu'il y a quelque différend entre eux. Enfin, lors d'un moment de fatigue ou de contrariété, il l'aide à récupérer.

Certains enfants ne peuvent rien faire sans leur doudou sous la main, d'autres, notamment après l'âge de 8 mois qui marque un stade important dans leur développement psychique, ne l'utilisent que le soir pour s'endormir. Certains s'en passent très vite, d'autres encore y restent attachés jusqu'à l'âge de 6-7 ans. Si le doudou a autant d'importance, c'est aussi parce qu'il est le premier objet que l'enfant crée lui-même, qui est en dehors de lui ou de sa mère et sur lequel il a tous les pouvoirs : il peut le jeter, le mordre, le tortiller, bref lui faire toutes les misères qu'il veut.

Généralement, ce ne sont pas les parents qui choisissent le doudou de leur enfant. Le choix en est assez mystérieux. La rencontre entre l'objet et l'enfant se fait presque toujours dans le lit, sans doute parce que la séparation d'avec les siens qu'implique le sommeil est l'une des toutes premières angoisses ressenties par l'enfant.

PETIT CONSEIL

Les deux grandes difficultés que rencontrent les parents avec cet objet touchent à son entretien et à sa perte. Beaucoup d'enfants refusent de s'endormir sans sa présence. C'est pourquoi on ne saurait trop recommander aux parents d'avoir plusieurs doudous de rechange afin de pouvoir faire face à toute défaillance.

24 Presque du jour au lendemain, il nous semble que notre enfant se met à avoir peur du noir, pourquoi ?

↘ C'est un grand classique parmi les peurs des enfants. Il y a l'obscurité par elle-même mais aussi tout ce que l'enfant imagine, tapi dans l'ombre. Il est bien connu que dans les ténèbres naissent les brigands, les sorcières et tous les animaux dévoreurs. La nuit signifie encore pour lui la solitude.

Ces angoisses nocturnes sont à l'origine des cauchemars, prolongements déformés de la vie diurne. L'enfant est d'autant plus effrayé qu'il est incapable de faire la différence entre ce qui est du domaine du vrai et de l'imaginaire. Quelques précautions peuvent aider votre enfant à dominer sa peur du noir. Vous pouvez par exemple lui laisser une veilleuse, ou ouvrir tout simplement la porte sur le couloir allumé.

Les contes de fées terrifiants, racontés juste avant que l'enfant ne s'endorme, ont paradoxalement le pouvoir de protéger des phobies, ces peurs irraisonnées et difficilement maîtrisables.

N'ayez aucune crainte que s'installe une mauvaise habitude, car ce besoin passe tout naturellement avec l'âge. Montrez-lui simplement que vous, ses parents, et tous les « grands » de la maison dorment dans l'obscurité. Alors, pourquoi pas lui dont l'ambition est de devenir grand ?

Il est indispensable aussi qu'il fasse connaissance avec son environnement nocturne, car l'enfant se trouve dans un monde inconnu. Pourquoi ne pas lui proposer une promenade dans la maison endormie et lui demander, sous forme de jeu, de reconnaître les objets de sa chambre en les touchant ? Passez de pièce en pièce en lui signalant les choses et les êtres familiers. Montrez-lui par la fenêtre les autres maisons endormies, sans lumière. Attention, cela ne sera bénéfique que si l'enfant n'est pas anxieux. Proposez simplement, ne forcez pas. Vous renouvellerez votre demande plus tard. Les peurs de la nuit sont intimement mêlées à celles du jour. La peur de la séparation est une des craintes les plus intenses et tenaces de l'enfance.

Un peu plus tard, apparaissent celles de se perdre et d'être abandonné, loin de l'affection de ceux qu'il aime et dont il se sent aimé. Enfin, lorsque l'enfant entre dans l'apprentissage de la propreté, il éprouve la crainte de disparaître : la disparition de ses excréments, qu'il considère comme une partie de lui-même, dans les toilettes, étaie ses suppositions.

PETIT CONSEIL

Les enfants cherchent toujours à exprimer leurs peurs, notamment à l'heure du coucher, mais leur capacité d'expression n'est pas encore suffisante. Essayez d'avoir une oreille attentive afin d'apporter à votre enfant les explications rationnelles qui l'aideront à se dominer et à vaincre ses peurs.

25 À partir de quel âge le rêve existe-t-il et à quoi rêvent les enfants de 2 ans ?

↘ Bien avant de naître, les structures cérébrales nécessaires à l'activité onirique sont en place et la plupart des neurologues pensent que le fœtus rêve déjà dans l'utérus maternel. Il rêve en même temps que sa mère et c'est ainsi que se transmettraient les goûts et les émotions.

Il y a donc toutes les raisons de croire que les nuits de l'enfant, même tout petit, sont peuplées de rêves et peut-être beaucoup plus que chez l'enfant plus grand, et que chez l'adulte.

En effet, l'enfant endormi passe 50 % de son repos en sommeil paradoxal, celui qui est le support des rêves. De quoi sont faits ces rêves ? Comme le rêve ne peut s'organiser sans expériences préalables ayant laissé des traces dans la mémoire, il y a de fortes chances pour que les rêves des enfants soient d'abord sous l'influence de leurs expériences sensori-motrices.

Selon Freud, le rêve protège le dormeur. Il organise le vécu futur de l'enfant. Ses premiers rêves démontrent qu'il a une vie psychique en dehors de ses parents. Le rêve réalise une autonomie psychologique.

Bruits, odeurs, sensations tactiles, images sont complétés par les contraintes dues à l'environnement telles que séparations et adaptations en tout genre. Les rêves naissent des souvenirs récents de satisfactions perçues et de sensations internes liées aux zones érogènes.

Les spécialistes du sommeil estiment que les premiers rêves d'images apparaissent vers 15 ou 18 mois. À cet âge, l'enfant est capable de reconnaître leur symbolisme. Vers 2 ans, avec l'acquisition de l'expression langagière, certains enfants sont à même de tenter de raconter leurs rêves mais ces récits sont généralement fort confus.

Rien n'est plus personnel que le rêve, prisonnier du vécu quotidien et de l'environnement affectif. Pourtant, tout comme chez l'adulte, et sans doute encore plus clairement, les rêves d'enfants sont peuplés des désirs, assouvis ou non, de la vie diurne. Il semble que deux grands thèmes peuplent leurs nuits : les problèmes alimentaires et la peur de l'abandon.

Les rêves « gourmands » sont presque toujours liés à une privation. Les rêves d'abandon sont souvent la conséquence du vécu affectif de la journée écoulée. Ils sont plutôt, à l'inverse des précédents, de nature angoissante. Ils manifestent à leur manière l'ambiguïté de l'attitude de l'enfant, partagé entre la recherche de l'autonomie et la crainte d'être seul à affronter certains dangers.

Autre thème à caractère assez angoissant pour l'enfant de cet âge : la perte, en rêve, d'un objet chéri, son doudou qu'il tète pour s'endormir ou son jouet préféré. En grandissant, l'enfant traverse toujours une période où le rêve devient inquiétant : la peur d'un objet, d'un individu, la peur d'un bruit et bien sûr celle d'être abandonné peuvent être supports de rêves. À cet âge, ce type de rêves prépare l'organisation de ce qui sera plus tard d'ordre physiologique, les phobies. La peur du noir, celles de la forêt, du vide seront, petit à petit, maîtrisées.

La perte du doudou en rêve signifierait la crainte pour l'enfant de perdre sa mère ou l'autonomie qu'il a si chèrement acquise.

Dès 2 ans, certains enfants peuvent parler d'un rêve ou inventer un scénario, lequel exprime souvent un désir frustré. Lorsqu'ils grandissent, les enfants rêvent selon des scénarios plus compliqués et correspondant à des désirs inconscients, cachés derrière un événement qui s'est passé la veille, à l'image des rêves chez l'adulte. Ce n'est que vers 4 ans que les rêves deviennent beaucoup plus riches. Par le rêve, les frontières du réel explosent, il offre un espace où, contrairement au quotidien diurne, tout est permis, sans logique ni contrainte.

26 Depuis quelques semaines, notre enfant imagine sans cesse de nouveaux prétextes pour ne pas aller se coucher, pourquoi ?

↘ Comme l'enfant ne veut pas quitter les siens pour le sommeil, il met son imagination au service d'une stratégie lui permettant de gagner du temps, voire de réussir peut-être à décourager le projet de ses parents.

Même s'il consent à aller se coucher sans trop de difficultés, quelques instants plus tard, il réclame quelque chose, debout dans son lit. Il lui arrive même, de plus en plus souvent, de s'en échapper pour venir faire sa demande d'un air détaché. Pratiquement tout ce qui lui passe par la tête est utilisé. Ces demandes farfelues, que tout parent reconnaît comme des manœuvres, se mêlent à des besoins qui peuvent être réels : il a soif, veut aller aux toilettes, son pyjama le gêne, il a besoin d'un dernier baiser...

En refusant d'aller se coucher, l'enfant de 2 ans exprime haut et fort son opposition aux règles établies. Ainsi, il s'affirme en tant qu'individu doté de caractère et de personnalité.

À ce stade, vous pouvez lui couper l'herbe sous le pied en lui permettant de satisfaire un certain nombre de besoins avant même qu'il ne soit installé dans son lit. Ensuite, vous n'avez plus de raison de céder à ses demandes supplémentaires.

Ses exigences vont devenir de plus en plus embarrassantes. Vers 2 ans et demi, l'enfant établit un véritable cérémonial qui peut commencer fort longtemps avant le coucher. Tous les soirs, quelles que soient les circonstances, il devra dire bonsoir à tout le monde, les humains comme les animaux, ranger ses jouets, écouter toujours la même histoire, regarder son dessin animé favori... Et attention, l'ordre de toutes ces fantaisies devra être respecté, sans quoi il faudra tout reprendre à zéro. Ce rituel aux allures capricieuses est en réalité pour lui le plus sûr moyen de se protéger. C'est en fixant quotidiennement ces attitudes que l'enfant domine les peurs les plus archaïques.

PETIT CONSEIL

Pour ne pas être débordés par ses exigences, il est préférable de ne pas laisser votre enfant établir trop de rites et de refuser les demandes trop extravagantes. Lorsque vous considérez que le manège a assez duré, dites-le fermement, couchez votre enfant et ne répondez plus à ses appels.

27 L'environnement de sa chambre a-t-il une influence sur le sommeil de notre enfant ?

↘ Si le berceau pose très rarement de problème, le lit à barreaux constitue parfois une étape délicate. En effet, l'enfant n'est plus dans un nid douillet mais dans un espace où il dort et joue, d'autant plus qu'il a à sa disposition un tableau d'éveil, une boîte à musique et quelques peluches.

Si le lit est un lieu organisé pour stimuler la curiosité de l'enfant, celui-ci aura bien du mal à y trouver le sommeil. Il est donc préférable de limiter les jouets à quelques peluches favorites, parmi lesquelles il choisira peut-être un doudou. Être enfermé derrière des barreaux peut également vite devenir insupportable quand on a acquis une bonne motricité.

Vers 2 ans, surtout si l'enfant a fait l'expérience de dormir à la crèche sur un petit matelas simplement posé à même le sol, l'enfant ressent derrière les barreaux une impression d'enfermement à l'origine de difficultés d'endormissement ou de tentatives d'escalade aventureuse. Il suffit parfois de baisser simplement un côté du lit pour qu'il s'endorme, apaisé.

Le partage de la chambre avec un aîné ou un cadet est souvent conflictuel, mais rarement à l'origine de troubles du sommeil, bien au contraire, à deux, on se sent plus fort pour affronter les monstres de la nuit.

La chambre, sa chambre, joue encore un rôle essentiel. Il est bon qu'elle garde des usages spécifiques : l'enfant y dort et y joue, mais toutes ses autres activités se déroulent ailleurs. Elle n'est bien sûr ni un lieu de punition, ni d'exclusion. D'ailleurs, il aime que sa porte reste entrouverte au moment de l'endormissement afin d'entendre les bruits rassurants et familiers de la maisonnée, seuls des bruits inhabituels et puissants peuvent troubler son sommeil. Ces bruits le bercent et sous-tendent sa rêverie. La lumière du couloir lui permet encore de ne pas se sentir exclu et évite qu'il éprouve un sentiment de solitude, source d'angoisse. Avec le temps, l'enfant s'approprie les lieux.

PETIT CONSEIL

Parmi les jouets, il en est un qui devrait être présent dans toutes les chambres d'enfant : c'est la boîte à musique. Ses chansons douces appartiennent au rituel du coucher. La musique qui se poursuit, alors que les parents se sont éloignés, rappelle leur présence, leurs baisers, leur amour.

Sa chambre sera totalement son monde lorsque, de lui-même, il fermera la porte et lorsque, adolescent, il interdira à ses parents d'y entrer sans y avoir été invités. Côté décor, il est préférable de jouer sur les tons apaisants. La couleur doit être présente mais jamais de manière agressive ni de façon à trop le solliciter. Toutefois, dans ce domaine, l'opinion des parents n'aura qu'un temps car, bien vite, l'enfant souhaitera accrocher aux murs ses dessins et les posters de ses héros préférés. Ces accrochages appartiennent à la démarche normale d'appropriation des lieux.

28 Est-il impératif de le coucher toujours à la même heure ?

Rien n'est impératif en la matière. Si, pour une raison d'organisation familiale, l'enfant doit être couché tardivement, une fois de temps en temps, cela n'a pas vraiment d'importance si son temps de sommeil est respecté.

Cela signifie qu'il ne doit pas être réveillé trop tôt ou qu'on lui laisse le temps de faire une bonne sieste pour récupérer. Malgré tout, la grande majorité des enfants aiment la régularité dans leur vie et l'éducation passe par l'instauration de certaines règles. Même si parfois les enfants les ressentent comme contraignantes, elles sont avant tout pour eux rassurantes. De plus, les enfants doivent comprendre que les parents ont aussi une vie à eux.

Il faut savoir que la première recommandation des spécialistes du sommeil, lorsqu'ils sont consultés pour des troubles, est de demander aux parents de s'efforcer de donner à leur enfant un rythme de vie régulier : des repas à heures fixes, des sorties toujours programmées au même moment dans la journée et un rituel du coucher bien respecté.

Dès l'enfance, on reconnaît les lève-tôt et les couche-tard, un trait de caractère qu'ils garderont toute leur vie et qui leur sera proprement personnel. Ces particularités sont liées à une horloge biologique, celle qui régule la température du corps : lorsqu'elle diminue, la vigilance baisse et le sommeil peut s'installer, son augmentation au contraire est un signe d'éveil et d'activité. Pour reconnaître à quel type d'enfant on a affaire, il suffit de l'observer. S'il recherche la chaleur de vos bras, s'il se pelotonne au creux d'un fauteuil ou dans les coussins du canapé, cela veut dire que son organisme se met au ralenti et qu'il a donc besoin de se coucher.

Mais il existe un phénomène curieux que les parents ont parfois du mal à identifier : plus l'enfant est fatigué, plus il est agité.

PETIT CONSEIL

Des rythmes de vie stables donnent les bases d'un bon sommeil. L'enfant vit selon les rythmes circadiens et se développe tout au long de son enfance selon un programme-temps à quelque chose près identique pour tous. Pourtant, tous les enfants ne se couchent pas forcément à la même heure, tout dépend de leur personnalité et du rythme de vie familial. Les bons dormeurs ont besoin de se coucher tôt pour se réveiller en forme, les autres peuvent retarder un peu l'heure du marchand de sable.

Il manifeste sa fatigue par une activité débordante et souvent désordonnée. Pour certains, c'est le moment propice aux bêtises, aux caprices et aux manifestations agressives. En fait, cet enfant lutte contre le sommeil, son cerveau est emballé et ne réussit pas à s'apaiser. Ce comportement se rencontre notamment chez les enfants qui ont mal ou peu dormi la nuit précédente. Ils souffrent d'un manque de sommeil paradoxal, la sieste en étant dépourvue. Ce sommeil est particulièrement utile dans la gestion des émotions.

Certains spécialistes du sommeil pensent encore que le cerveau serait sous l'influence d'une trop grande quantité d'hormones hypnogènes non utilisées. Il semble qu'une activité sportive telle que de la natation ou un peu de relaxation dans l'après-midi permettrait à ces enfants de retrouver quelque calme le soir, à condition que les parents veillent à ce qu'ils jouent tranquillement avant d'aller se coucher.

Un enfant couché deux heures plus tard ne se réveillera pas deux heures plus tard. Il ouvrira les yeux à son heure habituelle, abandonnant un ou deux cycles de sommeil. S'il ne les rattrape pas au moment de la sieste, la journée sera fatigante pour lui et éprouvante pour ses parents.

Physiologiquement, c'est l'heure du réveil qui est la plus importante à respecter car elle a une grande influence sur l'organisation et la régularité des rythmes circadiens. En effet, lorsque la nuit de l'enfant est volontairement écourtée, c'est le sommeil paradoxal (p. 110) qui est diminué puisque celui-ci s'installe toujours dans la deuxième partie de la nuit. Ce sommeil spécifique, caractérisé par une grande activité électrique du cerveau, semble sous-tendre une importante activité psychologique.

La privation de sommeil paradoxal entraîne une mauvaise récupération psychique et les stress accumulés au cours de la journée ne sont pas assez métabolisés par le rêve. L'activité onirique du matin permet une meilleure mémorisation à long terme en état de veille, elle favorise donc tous les apprentissages.

29 Les événements familiaux ont-ils une influence sur le sommeil d'un enfant ?

↘ Les troubles du sommeil chez un enfant sont souvent liés aux possibles perturbations de sa vie. Il en est d'autant plus bouleversé qu'à cet âge il est de plus en plus conscient de ce qui se passe autour de lui.

Il est sensible à un déménagement, à son entrée à l'école maternelle, à une nouvelle personne pour s'occuper de lui ou, plus gravement, aux petits ou grands drames familiaux tels que les tensions et les disputes entre ses parents. Ainsi, certains enfants, lorsqu'ils peuvent sortir de leur lit, sont capables de venir vérifier en pleine nuit que leurs deux parents sont bien là. Parfois, ils essayent même de se coucher avec eux. Dans ce cas, il est préférable de les raccompagner jusque dans leur chambre.

La perception d'une perturbation dans le comportement de ses parents peut être à l'origine d'une inquiétude, voire d'une angoisse, donc de troubles du sommeil. Lorsqu'un changement dans la vie d'un enfant se profile, il faut le lui dire. À cet âge, il aime la vérité.

Pour s'endormir et bien dormir, l'enfant doit avoir un sentiment de parfaite sécurité, c'est-à-dire être apaisé et éprouver un plaisir narcissique. Un enfant perçoit fort bien l'émotion qui bouleverse l'un de ses parents ou les deux, mais comme il ne la comprend pas, il devient naturellement inquiet. Une agitation anormale, des parents affectueux à l'excès un jour et moins le lendemain, des parents tristes ou qui se disputent, l'obligent à trouver ses propres repères d'apaisement. Dans certains cas, c'est la phase d'endormissement qui devient difficile, l'enfant restant éveillé dans l'obscurité, guettant le moindre bruit. Dans d'autres cas, il renoue avec l'habitude de se réveiller au cours de la nuit et de réclamer la présence de ses parents.

La séparation mal préparée, mal acceptée par les parents, reste l'une des causes les plus fréquentes de troubles du sommeil à cet âge. Il peut s'agir de la mise à la crèche, non prévue ou consentie réellement par l'un des parents, d'un éloignement momentané chez les grands-parents, par exemple en raison de la naissance d'un autre enfant ou pour permettre à la mère de souffler un peu, alors qu'elle n'a pas forcément envie de se séparer de son enfant.

C'est encore plus simplement l'arrivée dans sa vie d'une baby-sitter inconnue, le temps d'une soirée : pensez à l'en avertir, et si elle arrive avant qu'il soit couché, pourquoi ne pas la lui présenter afin qu'ils fassent connaissance ? Cette sincérité le rassure et vous constaterez qu'il supporte sans drame que vous vous absentiez régulièrement. Enfin, il n'est pas rare que certains troubles du sommeil soient mis sur le compte des mauvais souvenirs d'enfance d'un des parents : une séparation mal vécue autrefois engendre une tension à première vue incompréhensible.

Certains événements familiaux sont classiquement perturbateurs du sommeil. L'un est plutôt de l'ordre de la bonne nouvelle, la naissance future d'un autre bébé dans la famille. Les autres sont plus tristes, comme la perte d'un être cher par l'un des parents ou la séparation du couple parental. Dans le premier cas, l'enfant constate, sans en comprendre la cause, que sa mère est moins disponible pour lui : elle joue un

PETIT CONSEIL

Il vaut mieux d'abord annoncer l'arrivée d'un petit frère ou d'une petite sœur rapidement, puis expliquer à l'enfant ce que cela implique immédiatement comme changement, même si, en raison de son jeune âge, il ne peut pas tout comprendre, que de laisser s'installer un climat de mystère. Les réveils nocturnes auront alors un sens ; mis sur le compte d'une manifestation de jalousie, ils offrent aux parents l'occasion d'affirmer clairement leur affection.

peu moins, refuse de le porter quand il en a envie, abrège quelque peu l'histoire du soir... Faute d'être informé de l'événement qui se prépare, l'enfant ne comprend pas les changements de comportement de sa mère, il se sent moins aimé et cherche à tout prix, de jour comme de nuit, à attirer son attention. Si le secret se prolonge trop, l'enfant assimilera le silence à une menace, à un danger que la révélation ne viendra pas effacer car il est incapable encore de relier les deux événements.

Un deuil dans la famille est encore source de troubles du sommeil chez l'enfant. La dépression, plus ou moins marquée, qui touche les adultes en période de deuil, est ressentie par l'enfant. La tristesse, qui mobilise une bonne partie du psychisme du parent concerné, change son regard porté sur l'enfant et devient plus distant, moins pétillant, moins sollicitant. Les échanges affectifs sont davantage superficiels, presque mécaniques parfois, et souvent plus rares. L'enfant ne reconnaît plus tout à fait son père ou sa mère et ne comprend rien à cette nouvelle attitude. Par ses appels, l'enfant montre qu'il a besoin de celui ou de celle qui s'est éloigné et qu'il essaie de renouer le fil de la communication affective qui s'est distendue.

La séparation des parents est, même chez l'enfant très jeune, une période de tels bouleversements affectifs que la qualité du sommeil ne peut qu'en souffrir. La tristesse et l'anxiété que connaît l'enfant perturbent ses jours et ses nuits. Il a besoin d'être rassuré à plus d'un titre.

PETIT CONSEIL

Seul le temps permettra à l'enfant de surmonter son chagrin, il sera d'autant plus court que ses parents auront une attitude responsable, dans la séparation, permettant à celui ou à celle qui a quitté la famille de rester présent physiquement, de temps en temps, et quotidiennement de manière symbolique. Affirmer haut et fort que l'éloignement ne change rien aux liens affectifs avec l'enfant est la condition essentielle pour lui redonner la tranquillité dans le sommeil.

Ses réveils nocturnes lui servent à vérifier qu'il n'a pas été « abandonné » dans la tourmente et que l'un de ses parents est toujours là, qu'il n'est pas coupable de ce qui s'est passé et qu'il est toujours aimé, que le parent qui s'est éloigné a peut-être décidé de revenir pendant son sommeil.

30 À quel âge est-il utile de raconter une histoire à un enfant avant qu'il ne s'endorme ?

↘ L'enfant, dès 2 ans, commence à apprécier que ses parents lui lisent une histoire pour s'endormir. Elle s'appuiera sur les images d'un album ou naîtra directement de l'imagination de ses parents.

Dans le premier cas, il aimera regarder les images, bercé par le son de la voix de l'adulte et demandera sans doute à garder le livre avec lui pour s'endormir. Il est préférable que l'histoire soit racontée alors que l'enfant est allongé dans son lit, que la lumière a été baissée. Un climat de proximité et de complicité donnera toute la valeur à cet instant.

Que ce soit l'enfant qui ait choisi l'histoire ou vous, l'essentiel est qu'il l'aime et qu'il y trouve des repères connus. Il est indispensable d'adapter l'histoire à la personnalité de l'enfant et à son âge. Les jeunes enfants apprécient les héros aux aventures innombrables surmontant les pires difficultés par leur courage, leur intelligence mais aussi grâce à un certain nombre de tours de passe-passe extravagants.

L'enfant sera captivé par une histoire du soir mettant en scène un héros auquel il s'identifie, avec qui il vit et surmonte les dangers. Il dominera ainsi ses peurs. Il sera tellement ravi des exploits de son héros qu'il demandera sans cesse à les réentendre.

La longueur du récit est liée à la capacité d'attention de l'enfant. Si l'histoire est imaginée, faites en sorte de retenir les rebondissements et les traits de caractère du héros, car l'enfant vous la redemandera d'un soir sur l'autre sans se lasser. Réécouter sans fin les mêmes histoires le rassure, un sentiment important au moment de l'endormissement.

Un bon conteur est aussi un bon acteur, il est important de moduler les intonations, d'ajouter par exemple quelques cris d'animaux, de savoir faire monter le suspense. Tout le secret d'une histoire bien contée tient dans la complicité qu'elle fait éclore entre le lecteur et son auditeur : un clin d'œil, une allusion très personnelle, les enfants adorent.

PETIT CONSEIL

Si l'histoire est choisie dans un album, ne simplifiez pas forcément le vocabulaire, expliquez à votre enfant les mots difficiles et surtout utilisez le support de l'image pour l'aider à comprendre : même l'histoire du soir peut être l'occasion d'apprendre du vocabulaire.
Pour l'instant, imaginez ou lisez des histoires simples, celles dont le héros vit des aventures quotidiennes, mais qui parlent des peurs classiques liées à cet âge, comme se perdre ou perdre son objet fétiche et bien sûr être séparé de sa maman.

L'enfant peut paraître inattentif à ce que vous lui racontez, comme déjà perdu dans ses rêveries. Mais détrompez-vous, si vous vous arrêtez, il se manifestera, et si vous changez ou sautez une anecdote, il saura vous le faire remarquer et exigera que vous vous conformiez à l'ordre normal du récit.

Certains enfants préfèrent écouter de la musique avant de s'endormir. Des lecteurs simplifiés de cassettes ou de disques leur permettent de l'entendre plusieurs fois d'affilée. Comme pour l'histoire, la répétition a une fonction de réassurance.

31 Notre enfant se balance pour s'endormir, est-ce normal ?

↘ Beaucoup d'enfants ont besoin de se balancer pour s'endormir, certains bougent tout le corps, d'autres uniquement la tête. Selon les enfants, cette habitude dure plus ou moins longtemps, elle se situe majoritairement en début de nuit mais parfois aussi au milieu de la nuit.

On a remarqué que plus ces enfants font des bruits en agitant des objets accrochés au rebord de leur lit, plus ils se balancent, transformant cette petite manie en jeu. Ce sont les enfants qui tapent leur tête contre les montants de leur lit qui inquiètent le plus les parents. Ils n'ont aucune raison d'interpréter ce besoin de mouvement rythmé comme un trouble psychique.

Pour éviter que l'enfant ne fasse trop de bruit, il suffit de garnir la tête de son lit d'une protection douillette et d'écarter largement son lit du mur. Si vraiment ses balancements sont gênants, il faut essayer de réduire le temps où l'enfant est seul dans son lit avant de s'endormir, en repérant au mieux le moment où il s'endort. Il est encore préférable de le lever dès qu'il est réveillé.

Les enfants autistes ou en grande difficulté affective se balancent de jour comme de nuit et ont des comportements relationnels très significatifs, mais ce ne sont pas leurs balancements qui sont les plus révélateurs de leur trouble.

Pour ceux qui s'agitent tellement qu'ils déplacent leur lit au travers de leur chambre, la seule solution est d'installer un système qui bloque le lit au sol et à sa place. Certains médecins conseillent d'endormir ces enfants en leur faisant écouter un son bien rythmé sur lequel ils ne peuvent pas intervenir.

Enfin, il semble que le choix d'activités diurnes, mettant en valeur le rythme, ait aussi une bonne efficacité : danse, percussions, comptines avec battements des mains, cheval à bascule. Il ne faut jamais oublier que les bébés ont pour la plupart le rythme dans la peau, ils adorent danser, alors pourquoi pas en s'endormant ? C'est aussi un bon moyen d'expulser un trop-plein d'énergie à l'heure où le corps va devenir immobile.

32 Lorsqu'il dort, notre enfant n'arrête pas de donner des coups de pied, il s'agite tellement qu'il se retrouve souvent en travers du lit, dort-il bien ?

↘ Cet enfant a sans doute marché de bonne heure, et aujourd'hui il passe des heures à courir et à grimper partout, c'est un actif.

La plupart des enfants bougent en dormant. En effet, l'activité motrice qui occupe essentiellement leurs temps d'éveil ne peut que retentir sur leur sommeil. Quelle dépense d'énergie ! Il n'est pas étonnant alors, qu'au moment de l'endormissement, l'enfant ait quelques difficultés à dominer ses gestes.

Des spécialistes pensent que la mauvaise coordination des mouvements pendant le jour expliquerait la difficulté des enfants à se calmer la nuit. Des observations faites au cours de leur sommeil révèlent une agitation importante. Les moments où l'enfant bouge le plus se situent au milieu de la nuit, entre 23 h et 5 h du matin, et peuvent aboutir au réveil.

Par son agitation en dormant, l'enfant manifeste parfois une insatisfaction affective. Il a peut-être besoin d'un peu plus d'attention le jour et de davantage de tendresse que les autres. Pourquoi ne pas essayer ? Cela ne peut que lui faire du bien.

L'agitation pendant le sommeil est très variable d'un enfant à un autre, mais généralement les enfants calmes, qui ont une capacité et une volonté mesurées aux mouvements, dorment de manière plus tranquille que les enfants toniques et vifs le jour, ceux-ci gigotant beaucoup la nuit. La qualité de sommeil n'est en rien altérée, tout au plus leur arrive-t-il de s'éveiller entre deux cycles de sommeil en raison d'une position inconfortable ou parce qu'ils sont emmêlés dans leur couchage.

Ce sont ces enfants qui, devenus « grands », tombent régulièrement de leur lit, certains finissant leur nuit sur la descente de lit. Enfin, il y a de fortes chances pour qu'à l'âge adulte on les qualifie de mauvais coucheurs.

33 Notre enfant ronfle en dormant, devons-nous nous inquiéter ?

↘ **Les ronflements peuvent avoir diverses origines. Les plus fréquents sont ceux dus à un rhume et donc à l'obstruction momentanée des voies respiratoires. Il suffit dans ce cas de nettoyer le nez de l'enfant avec un produit à base d'eau de mer ou de le désencombrer à l'aide d'un mouche-bébé.**

D'autres ronflements, notamment s'ils sont particulièrement sonores, demandent un peu plus d'attention car il peut s'agir d'apnées obstructives. Pour les reconnaître, il faut observer le sommeil de l'enfant. Lorsque les ronflements s'arrêtent, sont-il remplacés par d'autres bruits dus à des gargouillements de l'arrière-gorge ? Le ventre de l'enfant est-il gonflé alors que son thorax est creux ? L'enfant est-il pâle et mouillé de transpiration ? Enfin, est-ce qu'après une pause les ronflements repartent de plus belle ? Se réveille-t-il fréquemment au cours de la nuit ?

Tous ces signes sont caractéristiques des apnées obstructives du sommeil, ses voies respiratoires supérieures sont bouchées le plus souvent en raison d'amygdales ou de végétations trop volumineuses. Une intervention chirurgicale d'ablation redonnera à l'enfant un sommeil normal pratiquement immédiatement. Pour faciliter le diagnostic médical, il faut souvent enregistrer les bruits produits par l'enfant endormi afin de les faire écouter au médecin.

Les apnées obstructives du sommeil sont fréquemment à l'origine de fatigue chez l'enfant : il dort mal la nuit, s'endort épuisé dans la journée, il est triste, grincheux et coléreux.

L'apnée est un phénomène normal au cours du sommeil. Ces pauses respiratoires ne sont pas inquiétantes si elles ne sont pas accompagnées de ronflements.

34 Est-il sensible au changement d'heure ?

L'enfant qui a déjà fourni un effort considérable pour régler son horloge interne sur 24 heures aura beaucoup de difficultés à s'adapter au décalage horaire quel qu'il soit. Les raisons économiques, liées au passage de l'heure d'été à l'heure d'hiver, et inversement, ne sont pas son problème.

Pour aider l'enfant à se mettre au diapason de la société dans laquelle il vit, ses parents vont devoir changer ses habitudes progressivement : durant la semaine qui suit le changement d'heure, il est recommandé de reculer ou d'avancer, selon le cas, ses repas, ses sorties, son bain ou son départ à la crèche de quelques minutes pour grignoter l'heure de différence.

Certains enfants peuvent mettre trois semaines à s'adapter. Heureusement, ces changements d'heure correspondent aussi à un changement de saison auquel le sommeil de l'enfant est toujours sensible. La luminosité et la chaleur de l'été diminuent le besoin de sommeil, alors que le froid et l'obscurité précoce de l'hiver l'augmentent.

On sait aujourd'hui que l'obscurité favorise la sécrétion hormonale de mélatonine qui a pour vertu de faire dormir. Bien que le confort des maisons d'aujourd'hui rende le phénomène moins spectaculaire, notamment depuis l'avènement de l'électricité, il reste réel.

PETIT CONSEIL

Les beaux jours et les vacances sont souvent l'occasion pour les adultes de faire la sieste. Ne demandez pas à votre enfant de dormir plus que d'habitude pour vous accompagner ou parce qu'il est en vacances, il n'est pas maître de son besoin de sommeil et il considère qu'il a toujours mieux à faire : il a tant de choses à découvrir.

Comment évaluer
le sommeil de votre enfant

Apprécier le sommeil d'un enfant n'est pas toujours facile puisqu'il dépend de son âge, de la période de développement qu'il traverse, des gestes de maternage de ses parents et d'énervements familiaux qui peuvent le perturber. C'est pourquoi nous vous proposons cette grille du sommeil qui peut vous aider dans une évaluation objective. Elle est d'ailleurs souvent demandée par le pédiatre ou les services hospitaliers spécialisés, lors de la première consultation pour troubles du sommeil. L'observation se fait sur une semaine et consiste à cocher les moments de sommeil et d'éveil de votre enfant. Pour une lecture plus rapide, utilisez des stylos de couleurs différentes pour chaque état. Ainsi le médecin peut rapidement évaluer la quantité globale de sommeil en fonction de l'âge de l'enfant et constater si certains réveils sont anormaux. Une petite ligne sous chaque jour est destinée à recevoir vos appréciations et vos observations fines.

Semaine du .... au ....

Lundi	Matin					Après-midi						Soir				Nuit								
Heures	7	8	9	10	11	12	13	14	15	16	17	18	19	20	21	22	23	24	1	2	3	4	5	6
Sommeil																								
Éveil																								

Commentaires ....

Mardi	Matin					Après-midi						Soir				Nuit								
Heures	7	8	9	10	11	12	13	14	15	16	17	18	19	20	21	22	23	24	1	2	3	4	5	6
Sommeil																								
Éveil																								

Commentaires ....

Mercredi

	Matin						Après-midi						Soir				Nuit							
Heures	7	8	9	10	11	12	13	14	15	16	17	18	19	20	21	22	23	24	1	2	3	4	5	6
Sommeil																								
Éveil																								

Commentaires ....

Jeudi

	Matin						Après-midi						Soir				Nuit							
Heures	7	8	9	10	11	12	13	14	15	16	17	18	19	20	21	22	23	24	1	2	3	4	5	6
Sommeil																								
Éveil																								

Commentaires ....

Vendredi

	Matin						Après-midi						Soir				Nuit							
Heures	7	8	9	10	11	12	13	14	15	16	17	18	19	20	21	22	23	24	1	2	3	4	5	6
Sommeil																								
Éveil																								

Commentaires ....

Samedi

	Matin						Après-midi						Soir				Nuit							
Heures	7	8	9	10	11	12	13	14	15	16	17	18	19	20	21	22	23	24	1	2	3	4	5	6
Sommeil																								
Éveil																								

Commentaires ....

Dimanche

	Matin						Après-midi						Soir				Nuit							
Heures	7	8	9	10	11	12	13	14	15	16	17	18	19	20	21	22	23	24	1	2	3	4	5	6
Sommeil																								
Éveil																								

Commentaires ....

De **3** à **6 ans**

Les rêves, les cauchemars et les peurs sont la preuve que votre enfant se développe tout à fait bien.

35 Pourquoi les histoires de monstres horribles aident-elles les enfants à s'endormir ?

Les chansons et les histoires peuplées de loups, d'ogres et de sorcières ou de barques qui chavirent ont des vertus. En les chantant ou en les racontant, les loups sont chassés, les sorcières contrariées. Cette façon simple de dominer les peurs par la dérision a fait ses preuves.

Dans son lit, l'auditeur devient l'enfant d'une famille en écoutant sa maman lui raconter l'histoire qui a aussi bercé son enfance à elle. Il participe à l'imaginaire, aux craintes, à la mythologie familiales.

Il est curieux de constater que le loup, par exemple, continue à faire frémir les petits enfants sous leur couverture alors que, depuis bien longtemps, ils ne hantent plus les villes ni les campagnes. Pour l'enfant de 3 ans, il n'est pas encore évident de faire la différence entre le vrai et le faux, entre le monde imaginaire et le monde réel.

L'enfant vit dans un monde magique où les animaux parlent, où les jouets se cachent par facétie. Il suffit de nommer les choses pour les rendre « vraies », il suffit de les nier pour les faire disparaître. À partir de cet âge, l'enfant déborde d'imagination et certaines de ses histoires sont de véritables petites scènes de théâtre dont il est l'auteur et où il a le premier rôle. Les loups, les monstres servent en fait à jouer à se faire peur pour avoir moins peur dans la réalité quotidienne.

À bien y regarder, les loups des histoires, comme les monstres, ne sont pas si méchants que cela. Ils sont laids, ont souvent des mâchoires impressionnantes mais cachent au fond d'eux, la plupart du temps, un grand cœur. Ils ont encore des comportements qui ressemblent trait pour trait à ceux des enfants de cet âge : ils sont coléreux, gourmands, intrépides, peureux ; la palette est assez large pour que chacun s'y reconnaisse. Pourtant, ces héros poilus, ventrus, terrassent les méchants à la fin de l'histoire ou se transforment en des êtres délicieux. Que tout cela est rassurant !

Sur le plan psychologique, ces personnages hideux symbolisent les combats quotidiens contre les cauchemars et les fantasmes qui habitent les petites têtes blondes ou brunes et qui leur font si peur. Ces monstres n'existent que pour être combattus et vaincus par l'enfant.

En fait, avoir peur, c'est agréable quand on sait qu'au fond on ne risque rien. La vie quotidienne est tout autre. Enfin, les monstres peuvent aussi jouer le rôle de copains, d'alliés qui aideront l'enfant à terrasser d'autres ogres et croque-mitaines.

Les contes ou les histoires représentent aussi une transmission héréditaire importante par la qualité de la voix, l'intimité et la théâtralisation apportées par le lecteur.

PETIT CONSEIL

Laissez votre enfant exprimer ses craintes lorsque vous lui racontez une histoire peuplée de monstres, car c'est par la parole qu'il peut les dominer. Les monstres aident à matérialiser des angoisses diffuses afin, qu'une fois identifiées, celles-ci soient plus facilement surmontées.

36 Toutes les nuits ou presque, notre enfant de 3 ans se lève et vient dans notre chambre essayer de dormir avec nous, que peut-on y faire ?

↘ C'est un comportement relativement fréquent à cet âge. Le plus souvent, il n'est pas dû à un cauchemar mais doit être interprété comme une manifestation du complexe d'Œdipe qui touche les enfants dès 3 ans.

En se présentant en pleine nuit dans la chambre de ses parents, l'enfant cherche à s'installer dans le lit conjugal. Son but est de se glisser entre eux et ainsi d'évincer son rival, son père si c'est un petit garçon, sa mère si c'est une petite fille. Si les parents laissent faire par laxisme, l'enfant risque de passer du fantasme au réel. Cette situation se complique beaucoup si l'enfant devient l'alibi d'une mauvaise relation du couple. Quelle que soit la situation, il est essentiel pour l'équilibre de l'enfant qu'il perçoive clairement l'interdit de l'inceste.

Ne laissez jamais votre enfant espérer qu'il pourra prendre un jour une place dans le lit conjugal. Affirmez haut et fort l'amour porté à votre conjoint tout en évoquant son avenir : un jour, lui aussi trouvera l'âme sœur, lui aussi aura des enfants.

Le traitement de cet épisode peut prendre deux formes selon votre position éducative. L'attitude la plus ferme consiste à raccompagner systématiquement votre enfant dans sa chambre et à le remettre au lit en lui souhaitant une bonne nuit ; l'autre à accueillir l'enfant dans le lit parental à condition que l'harmonie de votre couple n'en souffre pas. Il existe une troisième voie – intermédiaire – : l'enfant se couche au bout de votre lit ou sur la descente de lit, et généralement ce confort précaire le conduit à regagner sa chambre après quelques tentatives. Dans tous les cas, il est important d'expliquer à l'enfant que si ses parents dorment ensemble, c'est parce qu'ils sont mariés. Faites-lui constater que ni son père, ni sa mère ne dorment avec leurs propres parents.

37 Notre enfant refuse catégoriquement tous les soirs d'aller se coucher, pourquoi ?

↘ Quatre grandes raisons peuvent être évoquées. Parmi celles-ci, bon nombre d'enfants redoutent ce que médicalement on appelle les « hallucinations hypnagogiques ». Elles sont souvent connues aussi des adultes.

Les définir n'est pas simple car il s'agit de toute une série de phénomènes qui précèdent ou suivent l'endormissement juste au moment où la vigilance se relâche. La plus fréquente est le sursaut d'endormissement : l'enfant est victime d'une détente musculaire brutale qui fait remonter sa conscience en surface, lui procurant la désagréable sensation d'être tombé dans un trou ou du haut d'un rocher vertigineux. La perte de tonus musculaire peut encore entraîner des sensations de paralysie de la totalité du corps, rendant tout mouvement impossible.

PETIT CONSEIL

C'est en sollicitant les confidences de l'enfant, en banalisant ces phénomènes, qu'on lui apprend à ne pas en avoir peur. L'enfant doit savoir que ses parents connaissent aussi ces sensations et qu'elles sont dues à un fonctionnement cérébral fantaisiste.

Autre phénomène angoissant : l'impression que l'un des bras devient lourd et gros ou s'allonge de manière démesurée. Il existe aussi des illusions sensorielles, visuelles, auditives et tactiles : les ombres sur les murs de la chambre ressemblent à des monstres, les bruits familiers deviennent étranges ou encore l'enfant a la sensation d'un insecte parcourant son corps. L'illusion peut atteindre aussi la pensée, créant des angoisses, des dangers imaginaires.

Les hallucinations hypnagogiques peuvent exister parfois au réveil, elles prennent alors le plus souvent la forme de paralysie du corps ou d'un membre. Il n'est pas étonnant de redouter ces sensations lorsque l'on est enfant et que plusieurs phénomènes se conjuguent.

Certains enfants ont peur du sommeil. Cette peur très particulière est souvent liée à la peur de ne plus pouvoir se réveiller. Le coucher est de toute façon vécu comme un moment important de séparation où la solitude dans le noir devient vite insupportable. Cette peur est à rapprocher de celle de la mort, en rapport direct avec la disparition d'un être cher, surtout si celle-ci a été comparée à un endormissement.

PETIT CONSEIL

Donner un produit à un enfant pour dormir est déconseillé, il interprète ce geste comme une véritable provocation et met en place un système de défense afin de combattre son effet. Seule une fermeté affectueuse peut venir à bout de sa résistance.

Il faut éviter ce type d'explication et parler à l'enfant de l'usure du corps humain, du cycle de la vie et que ceux qui nous quittent continuent à vivre dans nos souvenirs et par notre amour.

À chacun de trouver les mots et les images qui correspondent à sa croyance religieuse, à sa philosophie ou à sa conception de la vie. Ces enfants, plus que tout autre, ont besoin que leur coucher soit très ritualisé, il faut leur laisser le temps d'entrer doucement dans le sommeil.

D'autres enfants, particulièrement actifs et volontaires, peuvent encore refuser obstinément d'aller se coucher. Même fatigués, ils se mettent en colère dès qu'il en est question. Ils ne veulent pas rester dans leur lit, et lorsqu'enfin ils ont consenti à s'allonger, ils luttent pour ne pas fermer les yeux.

Les enfants qui n'ont pas gardé l'habitude de s'endormir à heure fixe pendant les vacances peuvent souffrir ensuite d'un dérèglement passager de leur horloge interne.

Quelques enfants encore souffrent, sans que l'on sache pourquoi, d'un dérèglement de leur horloge interne : leur cerveau est dans l'impossibilité de se mettre en phase avec l'heure habituellement normale de l'endormissement. Généralement, ce trouble se met en place progressivement, l'enfant reculant de jour en jour le moment d'aller se coucher.

Ces enfants sont en pleine forme jusqu'à une heure avancée de la soirée et, s'ils consentent à s'allonger, ils cherchent le sommeil dans leur lit, se retournant inlassablement d'un côté puis de l'autre. Leur besoin de sommeil n'est en rien modifié. Ils ont bien sûr un réveil difficile, notamment s'ils sont scolarisés, et traînent leur fatigue tout au long de la matinée, reprenant de la vigueur ensuite.

La fermeté des parents ne change généralement rien. L'anxiété de ne pas s'endormir est relativement fréquente chez l'enfant, surtout si ses parents lui imposent une heure de coucher alors qu'il n'a pas sommeil. Ne pas être conforme à leur attente l'inquiète et le laisse éveillé : c'est le début du cercle vicieux bien connu des adultes insomniaques.

38 Comment apprendre à notre enfant à être propre la nuit ?

Généralement, les enfants contrôlent leur vessie, vers 2 ans/2 ans et demi, presque parfaitement le jour et dans les mois qui suivent la nuit. Mais, pour certains, l'acquisition de la propreté de nuit demande un peu plus de temps.

Dans tous les cas, être propre signifie que l'enfant a atteint la maturité vésicale, c'est-à-dire la capacité de contrôler sa vessie. S'il lui est plus difficile d'être propre la nuit que le jour, c'est parce que le contrôle de sa vessie se fait plus tardivement en raison de l'état de sommeil. Plus l'enfant grandit, plus sa vessie est volumineuse, et plus la pression due à son remplissage diminue. La vessie chez l'enfant se remplit par à-coups, d'où les fuites inopinées. Ce n'est qu'avec le temps et une certaine éducation que l'enfant prend conscience de ses envies et peut les retenir.

La méthode consistant à réveiller un enfant au cours de la nuit tire du sommeil toute la famille, sauf le petit dormeur. Seul un traitement de type comportemental peut réussir.

On connaît aujourd'hui les bases physiologiques « des oublis » nocturnes. Chez le petit énurétique, le rythme chronobiologique jour/nuit de l'hormone antidiurétique n'est pas encore acquis ; plus simplement, il n'y a pas d'augmentation de cette hormone pendant la nuit et comme le débit urinaire est supérieur à la capacité de la vessie de l'enfant, résultat : celle-ci déborde !

L'énurésie touche des enfants qui ont un sommeil particulièrement profond. Ceux qui ont un sommeil normal se réveillent lors des phases de sommeil léger s'ils ont besoin d'uriner. Ce trouble semble toucher davantage les garçons que les filles. Des raisons très particulières, et vite reconnues, peuvent aussi retarder l'acquisition de la propreté nocturne. Faire pipi au lit est souvent un moyen de protester face à une situation que l'enfant ne peut dominer telle qu'une naissance dans la famille ou le divorce de ses parents. En tenant compte des données physiologiques et psychologiques, les parents peuvent aider leur enfant à être propre la nuit. Cette éducation passe par l'intégration au rituel du soir d'un passage obligé aux toilettes ou sur le pot avant qu'il ne se glisse dans les draps.

Certains parents préfèrent réveiller leur enfant quand ils vont se coucher, lui proposant d'aller aux toilettes. Cette méthode apparaît parfois comme efficace car la majorité des mictions se produisent au début de la nuit. Mais elle a ses limites : d'une part, dans la plupart des cas, l'enfant somnole et ne se rend pas compte qu'il urine, d'autre part, appliquée plus de huit jours d'affilée, elle peut provoquer de vrais troubles du sommeil.

PETIT CONSEIL

Pensez à protéger également le matelas par une alèse pour limiter les débordements et, s'ils se produisent, n'en faites pas un drame : expliquez à votre enfant que cela arrive et proposez-lui, s'il l'accepte, de remettre une couche pour quelques nuits. Généralement, au bout de plusieurs mois de « petit besoin nocturne », il peut passer toute une nuit au sec.

La méthode exige la disponibilité des parents lorsque l'enfant se réveille en pleine nuit. Pour lui faciliter ses levers nocturnes, pensez à placer le pot dans sa chambre. Vous pouvez y accrocher une plaque fluorescente pour qu'il soit plus repérable dans le noir ou laisser allumée une veilleuse dans un coin de sa chambre.

Quelques consignes peuvent compléter cette éducation. Il est préférable de ne pas laisser l'enfant trop boire après 18 h. Il peut boire, mais modérément, en évitant les boissons gazeuses ou sucrées, ou le lait non coupé d'eau, car ces boissons augmentent la production d'urine. Supprimez dans le rituel du soir le verre d'eau avant d'aller se coucher. Pour l'enfant, un bon apprentissage passe par la liberté de se dominer sans contrainte, tout en se sentant aidé par ses parents. Il lui faut aussi la volonté d'être propre et la capacité intellectuelle nécessaire.

39 Notre enfant de 5 ans n'est toujours pas propre la nuit, est-il énurétique ?

On ne peut parler d'énurésie que si l'enfant mouille son lit régulièrement. Elle est dite primaire si l'enfant a toujours eu ce problème, elle est dite secondaire si l'énurésie survient après une période de propreté nocturne.

Non, l'énurésie n'est pas héréditaire, simplement, les parents qui en ont souffert en parlent très souvent, transmettant la responsabilité de cette caractéristique du parent en cause à l'enfant.

Les causes sont multiples et intimement liées. Souvent, aux problèmes physiologiques et neurologiques de la maturité permettant à l'enfant de contrôler sa vessie, s'ajoutent des problèmes psychologiques et parfois des erreurs d'éducation. L'énurésie secondaire est avant tout une manifestation d'anxiété chez l'enfant quand, sur le plan médical, rien ne révèle une anomalie de l'appareil urinaire.

Le volume de la vessie augmente progressivement entre 1 et 5 ans. C'est vers l'âge de 6 ans qu'un enfant maîtrise complètement les muscles qui lui permettent de se retenir. Jusqu'à cet âge, il ne faut pas s'étonner qu'il fasse pipi au lit. Aujourd'hui, 2 enfants sur 10 de plus de 5 ans et 1 enfant sur 10 au-delà de 6 ans font pipi au lit. Il n'y a donc aucune raison de culpabiliser un enfant qui rencontre cette difficulté.

L'énurésie n'est reconnue vraiment comme maladie que chez les enfants de plus de 5 ans. En effet, c'est à partir de cet âge qu'il convient de la traiter. Tout commence par un diagnostic qui repose avant tout sur un interrogatoire précis. L'enfant fait-il pipi au lit uniquement la nuit ? Est-il conscient ou non lors de cette miction nocturne ?

Si le diagnostic confirme le trouble, un traitement est mis en œuvre. Le médecin commence par rassurer l'enfant : faire pipi au lit n'est pas un drame. Puis, il l'implique dans le traitement. Un calendrier mictionnel va l'aider à se prendre en charge : l'enfant note les nuits mouillées en coloriant un parapluie et les nuits sèches en faisant un soleil. Il juge ainsi lui-même de ses progrès. En vérifiant les notes de son calendrier, les parents constateront que leur enfant est plus souvent « sec » chez ses grands-parents, en classe de neige ou en vacances chez ses petits amis, qu'à la maison. C'est souvent loin de sa famille que l'enfant domine son énurésie.

PETIT CONSEIL

En cas de fuites, ne laissez pas l'enfant dans ses vêtements mouillés pour le punir, changez son pyjama et son lit. De nouvelles protections ressemblant à des sous-vêtements peuvent l'aider à se sentir grand et à gérer lui-même ses fuites. Elles ont l'avantage de passer inaperçues lorsque l'enfant ne dort pas chez lui et qu'il n'a pas envie que ses petits camarades se moquent de lui.

Le traitement de l'énurésie est simple et repose sur l'utilisation d'une molécule appelée Desmopressine, analogue à celle de l'hormone antidiurétique. Présenté sous forme de spray nasal, le traitement consiste en deux pulvérisations à une demi-heure d'intervalle et une heure avant le coucher. Il est facile d'emploi, bien toléré et sans effets secondaires. La durée préconisée est de trois mois renouvelables en cas de résultats incomplets ou de reprise de l'énurésie. Il peut être entrepris en hôpital de jour ou associé à une cure thermale. Les petits accidents appartiennent au déroulement normal de cette acquisition.

Attention, une attitude trop autoritaire des parents peut être à l'origine de troubles du sommeil, l'enfant résistant au sommeil dans la crainte de mouiller son lit. À savoir enfin : 10 à 15 % des enfants guérissent spontanément de leur énurésie à partir de 5 ans. Si l'énurésie s'installe, l'enfant devient passif et honteux, il est alors indispensable de l'impliquer dans sa guérison en le rendant garant et responsable de son énurésie.

40 Jusqu'à quel âge doit-il faire la sieste ?

↘ La réponse pourrait être simple, mais elle n'est pas tout à fait satisfaisante : jusqu'à ce qu'il en ait besoin. Chez l'enfant, comme chez l'adulte, le début de l'après-midi est propice à la somnolence en raison d'une baisse physiologique de la vigilance.

Les rythmes chronobiologiques découpent les 24 heures d'un jour en deux périodes de sommeil, la plus importante se situant la nuit et l'autre, de type réparateur, en milieu de journée au début de la digestion. Les parents qui souhaitent que leur enfant fasse la sieste ont tout intérêt à programmer le déjeuner vers 11 h 30 au plus tard.

Dormir en début d'après-midi n'empêche pas de dormir tout autant la nuit, bien au contraire. Le manque de sommeil chez l'enfant se manifeste en fin de journée par une fatigue nerveuse.

En effet, la baisse de vigilance s'installe communément chez les enfants entre 12 h et 14 h. Les enfants déjà scolarisés mangent aussitôt de retour à la maison, tranquillement, et peuvent même jouer un petit quart d'heure avant de se coucher. Pourtant, tous les individus ne réagissent pas de la même façon à cette contrainte biologique. Ainsi, certains enfants, vers 3-4 ans, n'ont plus réellement envie de faire la sieste alors que d'autres la réclament encore à 7 ans.

L'observation des enfants de 2 ans et demi montre que c'est un âge où les enfants s'endorment assez spontanément en début d'après-midi : ils bâillent, clignent des yeux, piquent légèrement du nez, bref ils sont bons à coucher. Leurs parents n'ont alors aucun mal à leur proposer de s'allonger.

Généralement, l'endormissement est plus rapide si la chambre est légèrement dans la pénombre et s'il n'y a pas de bruit.

Une bonne sieste dure en moyenne 2 heures, c'est le minimum recommandé pour les enfants de moins de 4 ans. Par la suite, la sieste peut être écourtée d'une demi-heure afin que l'organisme ait une bonne récupération. L'idéal est que le réveil soit toujours spontané.

Mais il existe aussi des enfants qui refusent obstinément de se laisser aller au sommeil. Pour eux, il est important qu'une plage de calme s'installe. Même s'ils ne dorment pas, ils peuvent jouer tranquillement dans leur lit ou dans un endroit confortable qui leur permettra de s'étendre à tout moment.

Ces enfants, même fatigués, résistent au sommeil. Ils deviennent irritables et grognons, un comportement qui leur créera quelques difficultés lorsqu'ils devront retrouver le calme propice à l'endormissement. Ils ont l'impression qu'en refusant la sieste ils sont « grands », à l'image de leurs parents qui ne dorment pas l'après-midi.

En fait, ils considèrent ce temps de repos comme une mise à l'écart. Les parents ont toujours la possibilité d'essayer de convaincre leur enfant en lui disant qu'il est fatigué et qu'un peu de calme ferait du bien à tout le monde. Mieux vaut alors éviter de le laisser s'attarder sur le canapé du salon ou devant la télévision, et lui proposer plutôt de regarder des albums ou de jouer calmement dans sa chambre.

PETIT CONSEIL

Si votre enfant doit être réveillé avant la fin naturelle de sa sieste, il est préférable d'interrompre son sommeil entre deux phases, en lui parlant à mi-voix, en lui caressant la joue ou la main. S'il fait une grimace, attendez quelques minutes, son cycle de sommeil n'est pas terminé ; s'il supporte bien ce contact, c'est qu'il est prêt à ouvrir les yeux.

41 Les enfants âgés de plus de 2 ans sont-ils plus sensibles aux bruits qu'avant et faut-il les faire dormir absolument dans le silence ?

↘ Comme pour les adultes, les bruits sont stressants pour les enfants, tout dépend de leur intensité. Le seuil sonore de 60 décibels est déjà largement perturbant, il correspond à une conversation animée, au son d'un poste de radio ou de télévision à volume moyen.

Les bourdonnements d'un robot ménager, de l'aspirateur au mixeur en passant par le lave-vaisselle de qualité moyenne, sont des bruits polluants. Une enquête menée auprès de tout petits enfants a montré que ceux-ci étaient d'ailleurs très sensibles aux bruits : ils citent le plus souvent les automobiles, les motos et la télévision comme particulièrement bruyantes.

Les petits citadins dormiraient sans doute mieux si les fenêtres de leur chambre étaient équipées de doubles vitrages et si leurs parents baissaient sensiblement le son du téléviseur familial ou utilisaient régulièrement un casque d'écoute. L'enfant pour bien se développer, pour ne pas être touché par les symptômes de l'hyperexcitabilité, a besoin de silence. Une atmosphère sonore en continu est pour lui très fatigante.

Les parents pensent qu'une fois l'enfant dans sa chambre, ils peuvent écouter la télévision ou discuter fort. Pourtant, il est important que l'enfant parte à la conquête du silence afin qu'il perçoive mieux ses pensées.

Les enfants émotifs peuvent voir leur sommeil perturbé par les bruits du voisinage, venus de l'appartement contigu ou de la rue. Ces bruits sont pour eux d'autant plus effrayants qu'ils sont incapables d'en connaître l'origine comme d'en évaluer la proximité ou l'éloignement. L'enfant n'est pas toujours en mesure de distinguer ce qui est dedans et ce qui est dehors. Les parents peuvent le rassurer en lui permettant d'identifier ces bruits perturbateurs.

42 Depuis que notre enfant va à l'école, il dort mal, pourquoi ?

Aller à l'école est un événement tellement important dans la vie d'un enfant qu'il peut avoir des répercussions plus ou moins importantes sur son sommeil. Dans la majorité des cas, il s'agit de difficultés d'endormissement qui cèdent avec le temps.

La suppression de la sieste en moyenne ou grande section de maternelle perturbe certains enfants qui ne réussissent pas à s'adapter à un rythme scolaire différent de leur rythme biologique. Ils traînent une fatigue permanente. Une étude concernant les enfants de 3 à 5 ans scolarisés montre que 90 % d'entre eux s'endorment spontanément en début d'après-midi à 3 ans, 40 % à 4 ans alors que la sieste est déjà supprimée.

D'autre part, 20 à 40 % des enfants de 6 ans s'endorment avec plaisir en début d'après-midi et 10 % ont encore besoin de faire la sieste sur le plan biologique. Au-delà de cet âge, il est reconnu que le début de l'après-midi est un moment propice à la somnolence.

De plus en plus d'enfants souffrent d'une déficience chronique du sommeil. La fréquence maximale des bâillements chez les enfants en cours préparatoire se situe autour de 9 h du matin, alors qu'ils devraient être reposés après une bonne nuit.

Des difficultés dans la vie scolaire d'un enfant peuvent être à l'origine d'un état dépressif, qui associe alors troubles du sommeil et troubles de l'appétit, plus rien ne semblant l'intéresser. Cet état cesse généralement au moment des vacances. La prévention de la fatigue passe par un rythme de vie régulier, notamment dans les horaires du coucher. Mais il existe aussi une fatigue saisonnière de l'écolier, marquée par un sommeil de mauvaise qualité.

Ce trouble surgit à l'automne, s'amplifie en hiver et disparaît au printemps. Cette fatigue s'explique par une difficulté d'adaptation au raccourcissement de la durée du jour et au manque de lumière. Quelques jours de vacances au soleil suffisent pour que l'enfant retrouve tout son dynamisme.

Aller à l'école pour la première fois, sans avoir préalablement fréquenté un mode de garde collectif, est aussi un véritable choc pour l'enfant : du jour au lendemain, il se retrouve dans un lieu inconnu, au milieu d'une trentaine d'enfants de son âge, avec une institutrice et parfois une dame de service qu'il ne connaît pas. Si à cela s'ajoutent quelques heures de « garderie », avant ou après la classe, avec encore d'autres visages d'enfants et d'adultes, son désarroi ne peut qu'être grand et ses nuits angoissées.

PETIT CONSEIL

Une seule consigne doit être suivie impérativement : il faut être là, devant la porte à l'heure de la sortie, et pas seulement le jour de la rentrée, tant qu'il est petit et tant qu'il ne vous demandera pas la liberté de rentrer avec la maman d'un ami. Les difficultés d'endormissement des jeunes écoliers ne sont jamais durables, elles se règlent en quelques semaines.

Cet enfant a perdu ses repères, beaucoup de personnes inconnues gravitent autour de lui, alors qu'il a encore tant besoin d'une grande stabilité affective. Il entre dans un monde totalement étranger ou presque, tout lui fait peur même ses congénères, aussi effrayés que lui. Son intégration réussie et la fin de ses inquiétudes diurnes et nocturnes dépendent d'abord de l'attitude de ses parents : plus ceux-ci sont convaincus que cette séparation est bénéfique pour leur enfant, plus il s'adap-

Même si leur enfant est inquiet et dort mal, les parents doivent être persuadés qu'il a toutes les capacités à se séparer d'eux.

tera rapidement et bien à l'institution scolaire. Il est préférable de différer l'inscription à l'école d'un enfant qui traverse un moment délicat sur le plan familial tel que l'arrivée d'un cadet ou la séparation de ses parents. L'enfant ne doit jamais avoir le sentiment que l'on essaie ainsi de se débarrasser de lui. Son désarroi serait tel que, ses nuits, et celles de ses parents, seraient agitées de cauchemars.

D'autres troubles du sommeil peuvent apparaître un peu plus tard dans la scolarité de l'enfant : lorsqu'il apprend à lire, à compter et à écrire. Il sera tout à la fois fier de réussir et inquiet quant à sa capacité à atteindre l'étape suivante. La persuasion trop appuyée de ses parents peut accentuer un éventuel trouble, tout comme la surstimulation. C'est en le valorisant et en lui montrant toute leur affection que les parents aideront leur enfant à retrouver le sommeil.

Parfois aussi, l'enfant peut être surpris par la sévérité d'un maître. Mais là encore, il est rare que les difficultés d'endormissement perdurent s'il retrouve à la maison des parents prêts à l'écouter. L'école et le sommeil ont parfois des relations compliquées si les conflits liés à la « fusion-séparation » ne sont pas réglés avec la mère, et si l'enfant ne se sent pas soutenu et encouragé.

PETIT CONSEIL

Pour l'enfant qui intègre l'école maternelle, il serait bénéfique que, quelques mois avant la rentrée, les enseignants organisent une journée portes ouvertes. Ainsi, les futurs écoliers auraient le temps de connaître les lieux et l'espace dans lequel ils vont vivre et de rencontrer les personnes qui vont veiller sur eux. De même, pourquoi ne pas les laisser faire l'expérience de la cour de récréation en amateurs ? Et, avant de fréquenter régulièrement la cantine, pourquoi ne pas leur laisser la possibilité de l'essayer deux ou trois fois ?

43 Nous avons l'impression que notre enfant rêve beaucoup, il nous raconte des histoires incroyables, est-ce normal ?

Même si l'enfant raconte ses rêves, il est difficile de savoir si tout cela est vrai. En effet, il est impossible de faire la part des fantasmes dans son récit. Il aime fabuler et cette fonction est essentielle dans son développement psychique.

Il faut considérer certains récits visiblement inventés comme de véritables créations artistiques. Les psychologues estiment qu'il n'y a pas réellement de mensonge avant 7 ans. D'après certaines études, le début des hallucinations oniriques se situerait vers 4 ans. D'autres spécialistes disent que l'on ne peut réellement pas parler de rêve avant 5 ans, lorsque l'enfant a acquis toute la capacité de la pensée symbolique.

Quant au souvenir du rêve lui-même, il nécessite une maturation et une réflexion pour que l'enfant différencie le rêve de la réalité. C'est à partir de 3 ans et demi, chez les petites filles, et 4 ans et demi, chez les petits garçons, que l'on peut obtenir des souvenirs de rêves. Cette différence s'explique, au moins jusqu'à 6 ans, en raison d'un développement intellectuel plus rapide chez les filles que chez les garçons.

Les meilleurs rêves sont ceux dont l'enfant ne se souvient pas, qui entretiennent le petit dormeur dans un parfait état de sécurité. Un enfant qui dit n'avoir pas rêvé a donc parfaitement dormi.

Jusqu'à 5 ans, les enfants évoquent le plus souvent des images statiques, principalement celles d'animaux. Il semble qu'ils soient plutôt spectateurs de leurs rêves qu'acteurs et ils disent rarement avoir ressenti une émotion. C'est entre 5 et 7 ans que les images se mettent en mouvement et que le rêve se met à ressembler à celui de l'adulte.

L'enfant vit ses rêves comme il vit la réalité. C'est pour lui l'occasion idéale de réaliser tous les désirs qu'il ne peut satisfaire dans sa vie éveillée, de résoudre les problèmes qu'il a pu rencontrer au cours de la journée, notamment les conflits avec ses parents, tout particulièrement avec sa mère. Il use sans contrainte du principe de compensation qu'offre le rêve, se défoule et ce sont les rêves les plus fous, les plus déchaînés qui sont les meilleurs, les plus équilibrants, les plus apaisants. Ainsi, l'activité cérébrale permet de déstresser psychiquement l'organisme. Des observations ont montré que plus l'enfant subit de stress dans la journée, plus ses rêves sont nombreux et débridés, et plus la durée du sommeil paradoxal augmente.

L'enfant rêve davantage que l'adulte, ainsi il mûrit et construit sa personnalité, d'autant mieux que le rêve permet d'inverser facilement les rôles par rapport à ceux habituels des tout-petits. Dans ses rêves, il devient le plus grand, le plus fort, le vainqueur en toute circonstance. Pour certains spécialistes, il semble que le rêve lui donne des armes pour mieux supporter le poids de la vie éveillée avec ses contraintes et ses apprentissages.

Le contenu des rêves s'élabore en majorité à partir du vécu récent de l'enfant, notamment ce qu'il a éprouvé et ressenti dans les heures qui ont précédé son coucher. Ses rêves sont le prolongement de l'activité psychique de la journée. En interrogeant scientifiquement les

PETIT CONSEIL

Pour saisir tout le sens d'un rêve de votre enfant, faites-vous expliquer les formes, les objets ou les personnages. Interrogez-le sur le choix des couleurs qu'il a utilisées. Mais attention, donnez à cet exercice essentiellement la valeur d'un jeu : votre rôle n'est pas de faire de la psychanalyse mais de laisser votre enfant livrer ainsi son monde intérieur, ses peurs et ses désirs, ses joies et ses souffrances.

enfants sur leurs rêves, on s'est aperçu que les premiers rêves de la nuit sont les plus angoissants et les plus désagréables. Au fur et à mesure que la nuit s'avance, les songes deviennent plus calmes et plus joyeux. Les rêves du matin offrent davantage l'occasion d'exprimer des sentiments.

Plus l'enfant grandit, plus ses rêves évoquent ses lectures ou ce qu'il a vu à la télévision. De même, son implication grandit aussi avec l'âge, entraînant des réactions affectives tant dans ses rêves que dans ses souvenirs au réveil.

Raconter ses rêves est un vrai instant de complicité avec l'enfant. Le meilleur moment pour l'écouter raconter ses rêves est le matin, au petit-déjeuner, quand la mémoire des songes est fraîche et intacte. Chaque histoire, chaque aventure rapportée, porte en elle un message venu du plus profond de l'inconscient. Parents et enfant s'amuseront à les décrypter. Les plus jeunes, qui n'ont pas encore une bonne maîtrise des mots, peuvent les dessiner, en couleur bien sûr.

44 Les rêves de notre enfant peuvent-ils être perturbés par ce qu'il regarde à la télévision ?

↘ Les rêves se construisent à partir des expériences vécues par le dormeur, qu'il soit petit ou grand. Le spectacle télévisuel en fait donc partie.

Une étude faite à partir de la projection de films montre que les films stressants entraînent chez l'enfant un plus grand nombre de réveils spontanés lors du sommeil paradoxal, avec des mouvements oculaires plus importants. En outre, il s'avère que ceux qui ont eu des rêves angoissants la nuit sont plus anxieux le lendemain. La télévision offre au regard des enfants un certain nombre d'images violentes tant dans les films, même s'ils ne sont pas catalogués comme violents, que dans les journaux d'actualité.

Ces derniers sont souvent regardés en famille, à l'heure où tout le monde est réuni autour de la table du dîner. Scènes de violence, montrant le morcellement et la parcellisation du corps humain, bras et jambes arrachés, mains menaçantes envahissant l'écran, ou taches de sang noyant de rouge le petit écran, sans que l'on sache précisément si ce sang provient d'une blessure, sont des images particulièrement traumatisantes.

Elles font croire à l'enfant que le corps humain peut être découpé facilement en morceaux, sans souffrance, et que le sang peut couler sans raison ; elles ébranlent le schéma corporel que l'enfant a mis des mois à bâtir, puzzle patiemment recomposé à partir de la connaissance parcellaire de chacune des parties de son corps. L'intégration de l'image et de l'idée d'un corps uni et unique à cet âge est encore fragile et l'enfant peut être terrorisé à l'idée de perdre une partie de son corps.

Si certains dessins animés violents fascinent les 3-5 ans, c'est parce qu'ils correspondent à des craintes archaïques. Pour ne pas être traumatisant, le dessin animé ou la fiction doit avoir une fin heureuse. Les dessins animés les plus destructeurs sur le plan psychique sont ceux qui n'ont ni fil conducteur, ni début, ni fin, se résumant à une suite de scènes plus ou moins effrayantes et traumatisantes. Ces images sont d'autant plus angoissantes que l'enfant les regarde en solitaire ou entre amis, qui ont tous plus peur les uns que les autres.

PETIT CONSEIL

La télévision n'est pas une bonne baby-sitter ! Elle ne peut être longtemps regardée par l'enfant qu'en compagnie de ses parents, qui sont seuls capables de faire le tri dans tout ce qu'elle donne à voir au jeune téléspectateur.
Tous les enfants n'ont pas la même émotivité, et celle-ci varie souvent selon leur stade de développement.

Les histoires les plus effrayantes n'ont pas cet effet car elles sont racontées par un adulte, à la présence rassurante. Faire la différence entre le vrai et le faux demande un long apprentissage que l'enfant n'a pas encore acquis à cet âge. Ses parents sont là pour l'informer car il ne peut pas identifier ce qui est réel.

Il ne connaît que ce qui a déjà fait appel à son expérience personnelle ; dans tous les cas, il doit s'appuyer sur la parole de l'adulte. Dès leur plus jeune âge, les enfants sont fascinés par le petit écran et certains enfants possèdent même un poste bien à eux. La télévision a une emprise considérable sur eux, elle modèle leur sensibilité, développe leur intérêt. Seul devant l'écran, l'enfant de 3-4 ans s'isole, s'exclut du réel, vit intensément l'image ; il profite au maximum du spectacle, c'est dire l'importance de la qualité de ce qu'il regarde.

Retrouver tous les soirs « son émission » avant d'aller se coucher appartient longtemps aux rituels du soir. La télévision bien utilisée est un outil d'éveil formidable et peut remplacer le marchand de sable.

On a pu constater que trop d'émotions provoquent chez l'enfant une montée de stress importante, avec des conséquences à la fois sur son endormissement, qui devient plus difficile, et sur le déroulement de sa nuit, qui peut être peuplée de mauvais rêves.

45 Notre enfant fait beaucoup de cauchemars qui le réveillent en pleine nuit, quelle doit être notre attitude ?

↘ De nombreux événements sont à l'origine des cauchemars, au point que l'on peut dire qu'ils sont normaux dans la vie d'un enfant. S'ils sont si spectaculaires, souvent très perturbants, c'est parce que l'enfant les vit de manière intense.

Comme tous les rêves, les cauchemars se produisent toujours en sommeil paradoxal. Ils agitent les nuits de l'enfant et amènent les craintes irraisonnées qui empoisonnent ses jours. C'est à partir de 3 ans que naît la peur.

Parmi les peurs les plus communes que l'on retrouve dans les cauchemars, il y a celle des animaux et de la morsure. Cette peur est naturelle et prend naissance dans les sentiments agressifs de l'enfant qui a envie de mordre et de griffer lorsqu'il est inquiet ou contrarié. Enfant et animal se sentent très proches et, pour l'enfant, l'animal a des sentiments identiques aux siens. Les cauchemars mettant en scène des animaux familiers peuvent être le résultat d'une expérience impressionnante : le chien de garde qui se jette sur les clôtures bordant le trottoir ou les feulements d'une bataille de chats.

Mais les cauchemars peuvent être aussi la manifestation d'une crainte plus ordinaire : celle de la foule, celle de s'être senti menacé quelques instants, d'avoir cru être perdu, d'un bruit violent inattendu. L'enfant, parfois considéré à tort comme un grand, a souvent bien des difficultés à vivre dans le monde des adultes. Il arrive encore que les enfants qui commencent à être volontaires, coléreux, voire autoritaires, vivent dans leurs cauchemars des situations de punitions, ou tout au moins de forte opposition à leurs désirs. Leur agressivité diurne se retourne contre eux dans leurs rêves.

L'enfant de 3-4 ans traverse aussi ce que les psychiatres appellent la phase œdipienne. Tiraillé entre des sentiments contradictoires vis-à-vis de ses deux parents, partagé entre amour et jalousie, il est mal dans sa peau.

Les sujets les plus enclins aux cauchemars sont ceux qui le jour s'expriment le moins, qui ne réussissent pas à mettre des mots sur ce qu'ils éprouvent. Il faut dire que ce n'est pas simple d'être follement amoureux d'un de ses parents, tout en restant très attaché à l'autre qui est quotidiennement votre rival, de quoi en effet vous donner des cauchemars !

Bien sûr, tous les conflits entre l'enfant et ses parents, tout particulièrement ceux avec sa mère, peuvent perturber son sommeil.
En signant la paix, les parents favorisent l'endormissement et chassent les mauvais rêves.

C'est ainsi que les nuits se peuplent de personnages et d'animaux dangereux, symbolisations du parent avec lequel l'enfant est en rivalité le jour. Si l'enfant est plus ou moins capable de maîtriser sa jalousie le jour, la nuit, c'est une autre histoire ! Évidemment, toutes les situations de stress sont susceptibles d'être à l'origine de mauvais rêves : l'arrivée d'un petit frère ou d'une petite sœur, un déménagement, le divorce des parents ou même l'entrée à l'école.

PETIT CONSEIL

Les cauchemars doivent être racontés pour s'en libérer. Laissez à l'enfant qui vient de s'éveiller, angoissé, le temps de dire ce qu'il a vécu, rassurez-le, vous êtes des « terrasseurs » de dragon reconnus et des chasseurs de sorcière expérimentés. Il peut compter sur vous et se rendormir tranquille.

Certains enfants sont tellement terrorisés par leurs cauchemars qu'ils refusent de s'endormir, persuadés que, dès qu'ils vont fermer un œil, ceux-ci vont se reproduire. Comme il est impossible à cet âge de faire la différence entre le rêve et la réalité, les monstres dévoreurs, les objets dangereux, les chiens féroces, les gens méchants deviennent éminemment menaçants. Il est rare que les enfants se souviennent précisément de ce qu'ils ont rêvé, par contre, ils gardent en mémoire les sentiments angoissants qui les ont bouleversés.

Pour avoir eux-mêmes vécu des cauchemars dans leur enfance, tous les parents savent que l'enfant a besoin du réconfort de l'adulte pour retrouver un sommeil paisible. Quelques paroles rassurantes, un petit baiser, le réconfort du doudou, l'assurance d'une présence protectrice à ses côtés suffisent généralement. Parfois, l'enfant demande un peu plus, il faut regarder sous son lit, ouvrir les armoires et les placards de la chambre pour vérifier que rien d'inquiétant ne s'y trouve.

Les plus effrayés peuvent être tranquillisés si on leur laisse la lumière d'une veilleuse à leur chevet. Enfin, les enfants terrorisés par leurs cauchemars retrouvent un peu de calme lorsqu'ils réussissent à en parler, pour certains il est parfois plus facile de les dessiner.

46 Quelle différence y a-t-il entre les cauchemars et les terreurs nocturnes ?

↘ La terreur nocturne est un état assez curieux, entre sommeil et veille. Elle apparaît au début de la nuit, deux heures environ après l'endormissement, juste à la fin du premier cycle de sommeil profond, alors que la phase d'éveil léger ne s'est pas encore produite.

L'enfant se dresse dans son lit, pousse des cris puissants, pleure, ou encore prononce des paroles plus ou moins incompréhensibles. Certains se débattent violemment ou sortent de leur lit. L'enfant ne semble pas réveillé alors qu'il a les yeux ouverts, le regard flou. Des manifestations physiologiques s'associent aux manifestations spectaculaires : le cœur bat plus rapidement et la respiration s'accélère, il est parfois en sueur. Le consoler, le réconforter est quasiment impossible et, le plus souvent, il se rendort sans s'être réveillé.

Seules les terreurs nocturnes qui se poursuivraient au-delà de 6 ans doivent motiver une consultation médicale.

Les terreurs nocturnes sont toujours évoquées au pluriel. En effet, la plupart des enfants, vers 3-4 ans, en connaissent deux ou trois épisodes, mais d'autres y sont abonnés, allant jusqu'à en avoir plusieurs dans la même nuit. Les terreurs nocturnes sont sans gravité et ne sont le signe d'aucun trouble cérébral ou psychologique. En fait, elles sont surtout impressionnantes pour les parents qui ne savent pas comment aider leur enfant à les surmonter. Et justement, il est conseillé de ne rien faire, de ne pas réveiller l'enfant, de le laisser poursuivre son sommeil, l'épisode passé. S'il est très agité, il est préférable d'éloigner tous les objets qui pourraient être dangereux.

Mieux vaut encore ne pas parler à l'enfant de ses terreurs nocturnes le lendemain, afin de ne pas lui donner l'occasion de s'en inquiéter car il ne se souvient de rien. La meilleure prévention contre les terreurs nocturnes consiste à permettre à l'enfant d'avoir des nuits régulières et de bonnes siestes.

47 Un enfant s'attache-t-il à sa chambre et comment faire lorsqu'il doit la partager ou en changer ?

↘ Avec l'âge, l'enfant est de plus en plus sensible au coin qui lui est réservé dans la maison. Plus il grandit, plus il déteste que ses parents l'explorent, voire la rangent.

Si votre enfant a une chambre bien à lui, il vous demandera de la décorer de ses dessins personnels ou d'images qu'il aura choisies. Il se sentira en parfaite sécurité si sa chambre est installée au cœur de la maison ou de l'appartement, au même étage que le reste de la famille. Très longtemps, il aimera dormir la porte ouverte. L'idéal serait pour lui une porte communicante sur votre chambre ou sur le séjour car il déteste le couloir, un endroit souvent sombre où naissent les fantasmes angoissants. Il vous demandera encore, bien qu'il soit grand, la douce lumière d'une veilleuse, elle le rassurera s'il s'éveille dans la nuit et guidera ses pas, si besoin, jusqu'aux toilettes.

Étonnant ! Certains enfants semblent avoir le même attachement au papier peint de leur chambre qu'à leur objet transitionnel (doudou).

À partir de 3 ans, votre enfant peut décider de la place de ses meubles et de l'endroit où il préfère dormir. Lui laisser ce choix est un bon moyen pour faire disparaître certains troubles du sommeil. Ce lieu est le sien, il peut donc participer au choix du papier peint et du revêtement de sol. Il réclamera sans doute, si cette chambre est assez grande, un autre lit pour pouvoir de temps en temps accueillir un ami. C'est son univers et il manifestera l'envie, surtout lors de visites de petits camarades, d'y jouer loin de votre regard.

Le partage de la chambre avec un frère ou une sœur demande un peu d'organisation. Pour que tout se passe bien, il est préférable de séparer la pièce en deux espaces bien délimités afin que chacun ait le sien. Chaque enfant aura son propre éclairage à chaque lit. Un petit bureau qu'il aura choisi, un coin jouets, ou tout simplement un tiroir à trésors, peuvent lui suffire pourvu qu'ils soient entièrement à lui.

Beaucoup plus compliquée est la répartition de l'espace entre plusieurs enfants. Une solution consiste à créer une chambre des petits et une chambre des grands. Cette répartition ne correspond pas forcément aux affinités mais les petits apprécient : ils s'amuseront sans doute beaucoup, peut-être même un peu trop s'ils sont matinaux !

La deuxième solution est de réunir petits et grands : les premiers sont rassurés par la présence de leurs aînés et dorment en toute tranquillité. Cependant, les aînés trouvent cela généralement moins drôle surtout s'ils cohabitent avec un cadet « touche-à-tout » ou curieux.

On mesure l'attachement de l'enfant pour sa chambre lorsqu'il est contraint d'en changer. Aussi faut-il prendre en compte la valeur affective qu'il attribue à sa chambre et le préparer en cas de déménagement. Rares sont les enfants qui apprécient un tel événement occasionnant trop de changements de repères, et qui sont à l'origine de bien des troubles du sommeil.

PETIT CONSEIL

Il vaut mieux éviter de coucher votre enfant dans une pièce non aménagée, surtout si le nouveau lieu de résidence est une maison ancienne aux peintures défraîchies, aux planchers qui craquent, au papier peint jauni et à l'odeur inconnue.

Retrouver, recréer l'ambiance de sa chambre « d'avant » est alors pour lui un facteur sécurisant. C'est sans doute une des toutes premières pièces du logement à installer.

Le changement de chambre au moment des vacances est parfois aussi cause de difficultés dans le sommeil. Le plus fréquemment, les parents pensent qu'elles sont dues au climat ou à l'altitude, en fait, l'enfant va mettre un certain temps à trouver ses repères : il ne sait pas où dorment ses parents, ils ne reconnaît pas les bruits familiers, l'odeur des lieux est différente, les ombres de la nuit sur les murs sont inconnues, voire menaçantes.

Les enfants aiment retrouver un peu de leur ancienne chambre dans la nouvelle par une disposition identique des meubles et des objets familiers.

Pour faciliter l'adaptation, il est souvent efficace de permettre à l'enfant d'emporter avec lui quelques objets, sa couette par exemple ou son oreiller, et pourquoi pas sa lampe de chevet.

PETIT CONSEIL

Vers 4-5 ans, les enfants sont sensibles au changement de maison, il est difficile pour l'enfant de déménager. Pour l'aider, transformez-le en petit déménageur et faites-lui faire ses paquets. Il est indispensable qu'il emporte dans sa nouvelle maison et dans sa nouvelle chambre une part de l'ancienne, accompagnée de la plupart de ses secrets.

48 Notre enfant a encore besoin de sucer son pouce pour s'endormir, faut-il l'en empêcher ?

↘ Sucer son pouce au-delà de 2 ans n'a rien d'exceptionnel. Le rythme de la succion est pour l'enfant le moyen de s'apaiser, de se débarrasser de ses tensions pour retrouver une grande paix intérieure.

L'enfant lutte ainsi contre un profond sentiment de solitude ou de détresse réelle ou encore de crainte. Les enfants timides et émotifs ont peut-être davantage recours à la succion du pouce que les autres. Il paraît en outre que les petites filles se lassent plus vite que les garçons. Certains psychologues pensent que les petits garçons montrent ainsi une difficulté relationnelle avec leur père. Un peu plus de proximité, d'attention, de tendresse et de valorisation peut aider à sécuriser ces enfants.

Les parents doivent accepter les petites manies de leur enfant et le laisser les gérer. Petit à petit, il les supprimera de lui-même, souvent en observant ses amis qui ont depuis longtemps abandonné le besoin de sucer leur pouce.

Le pouce peut aussi marquer une régression momentanée (naissance d'un autre enfant, séparation prolongée d'avec les parents), un seul cas est préoccupant : celui de l'enfant qui suce son pouce toute la journée à l'écart des autres, qui ne joue pas, ne participe à rien et semble rêver tout éveillé. Toutefois, dans la plupart des cas, ce geste de réconfort disparaîtra spontanément mais parfois très tard, à l'approche de l'adolescence. Alors patience ! Toutes les manœuvres contraignantes dans ce domaine sont vouées à l'échec. Quant aux réprimandes et aux railleries dévalorisantes, elles le rendent malheureux et vont à l'encontre de la seule solution pour qu'il se passe de son pouce : lui donner un fort sentiment de sécurité.

49 Mon mari était somnambule lorsqu'il était enfant, est-ce que notre enfant peut l'être ?

↘ Ce trouble du sommeil a été largement mis en scène dans des films burlesques, sa fantaisie est pourtant bien réelle. Il serait héréditaire et concerne le plus souvent les enfants de plus de 6 ans, traversant une période de stress psychologique.

L'enfant somnambule est capable de se déplacer et d'avoir des occupations habituelles alors qu'il est profondément endormi. Il a les yeux grands ouverts et sa démarche est plus ou moins assurée. Il est en phase de sommeil lent, donc il ne rêve pas ce qu'il fait. Le somnambulisme est plus fréquent en début de nuit lorsque les phases de sommeil lent sont longues. L'enfant n'en a aucune conscience et n'en gardera aucun souvenir au réveil.

Mieux vaut essayer de guider le petit somnambule vers son lit. Il s'y recouchera plutôt docilement et reprendra le cours normal de sa nuit.

Tous les enfants ne sont pas somnambules de la même manière, certains se lèvent, sortent de leur lit, font quelques pas dans leur chambre, et rejoignent leur lit pour poursuivre leur nuit. D'autres se promènent dans toute la maison, montent et descendent les escaliers, ouvrent et ferment les portes et les fenêtres à leur portée.

D'autres enfin changent les petits meubles de leur chambre de place, sortent leurs jouets ou les rangent, faisant preuve d'une très bonne coordination de leurs gestes. En effet, à ce stade du sommeil, le tonus musculaire est intact. Ces épisodes d'activité durent en moyenne une quinzaine de minutes. Il n'est pas rare que les enfants somnambules soient aussi ceux qui connaissent relativement souvent des terreurs nocturnes et qui ont besoin de se balancer pour s'endormir. Dans tous ces cas, le trouble est dû à une difficulté de passer d'un cycle de sommeil à un autre ou même d'une phase à une autre.

Malgré le dicton populaire qui dit qu'il est dangereux de réveiller un somnambule, les parents peuvent réveiller leur enfant, notamment s'il est susceptible de se mettre dans une situation dangereuse, mais à contrario il n'y a aucune raison de le faire s'il ne court aucun danger. Certains enfants montrent d'ailleurs de l'agressivité lorsqu'on veut les sortir du sommeil.

PETIT CONSEIL

Le seul traitement de ce trouble est préventif : les parents doivent veiller sur la sécurité de leur enfant somnambule en barricadant les escaliers, en fermant correctement toutes les fenêtres, en évitant de laisser à sa portée des objets dangereux et en éliminant les tapis et les objets posés à terre. Pour être prévenu de sa balade nocturne, attachez une clochette à la porte de sa chambre.

50 Bien qu'il se couche à une heure tout à fait normale, nous avons beaucoup de mal à réveiller notre enfant pour qu'il aille en classe. Ne dormirait-il pas un peu trop ?

↘ Rares sont les enfants qui souffrent de ce syndrome et rares sont les parents qui s'en plaignent, parfois à tort. Un enfant qui ne réussit pas à se réveiller spontanément après une bonne nuit de sommeil cache quelque chose.

Il peut s'agir d'une dépression, on sait aujourd'hui qu'elle atteint aussi les petits enfants. Elle entraîne des troubles du sommeil fort différents selon les enfants : certains s'enferment dans le sommeil et dorment beaucoup, s'isolant ainsi du monde, d'autres au contraire souffrent d'insomnies. Selon les cas, ils ont beaucoup de difficultés à s'endormir. Ils passent de longues heures, au milieu de la nuit, éveillés et silencieux dans leur lit. Le matin, ils récupèrent le sommeil manquant et ont donc bien du mal à se lever quand les contraintes scolaires les y obligent.

L'enfant qui n'est pas joyeux de quitter son lit traverse une période difficile, il doit être aidé car son angoisse est sérieuse. Elle s'appuie presque toujours sur un sentiment d'insécurité.

L'hypersomnie témoigne souvent chez l'enfant scolarisé d'une difficulté à se séparer de sa famille pour s'intégrer à la vie collective de l'école. Lorsqu'il est à l'école, il a d'ailleurs tendance à s'isoler, allant même parfois jusqu'à s'endormir et à dire qu'il est fatigué.

Il peut développer une véritable phobie scolaire qu'il manifeste en dormant : il craint l'école et inconsciemment se réfugie dans le sommeil. La phobie peut naître d'une vraie difficulté scolaire comme celle d'apprendre à lire mais elle peut aussi être le résultat d'une mauvaise intégration au groupe, en raison d'une différence le plus souvent sans importance, mais qui provoque l'exclusion.

Enfin, l'état dépressif de l'enfant peut s'installer comme en écho d'une dépression parentale ou d'une grande tension au sein de la famille.

PETIT CONSEIL

Un enfant dépressif réclame l'attention de ses parents qui peuvent essayer de lui parler de ce qui le tracasse. Certains enfants préféreront peut-être exprimer leur mal-être auprès d'un tiers, comme le psychologue scolaire ou le pédiatre qui les suit habituellement.

Comment surmonter l'énurésie

- Pour aider votre enfant à progresser, il est indispensable de lui apprendre comment fonctionne sa vessie. Il doit connaître la sensation particulière que provoque une vessie pleine. Demandez-lui, lorsqu'il a envie d'uriner, de se retenir d'abord 5 minutes puis 10 puis 15. Il faudra plusieurs jours avant qu'il y parvienne. Lorsqu'il maîtrisera correctement ses sphincters, il pourra continuer son entraînement en buvant plus que d'habitude.
- Dans un second temps, il doit savoir uriner sur commande. Il s'entraînera d'abord à arrêter le jet urinaire au milieu d'une miction, une fois, deux fois, trois fois. C'est un jeu que la majorité des enfants apprécient. Cet exercice a pour but de lui montrer que c'est sa volonté, donc son cerveau, qui commande ses mictions et qu'il est capable de le faire aussi la nuit, quand il dort.
- On peut considérer que l'enfant aura surmonté son énurésie au bout de 2 semaines de nuits sèches.

Le tableau **page 108** a été conçu pour que l'enfant prenne en charge lui-même son énurésie car, quoi que fassent ses parents, laxistes ou répressifs, c'est lui qui doit avoir envie d'être propre et se donner les moyens de l'être. Bien sûr, ce tableau doit être rempli à la manière d'un jeu, et si possible par l'enfant lui-même. Il va lui montrer ses progrès au quotidien et facilitera l'entretien avec le médecin qui le suit.
Un tableau où les soleils dominent apporte à l'enfant une extrême satisfaction et l'aide à recouvrer une bonne estime de soi, souvent atteinte chez l'enfant énurétique. Chaque nuit sèche sera célébrée d'une toute petite récompense d'encouragement.

Prénom : ....

Âge : ....

 	Semaine 1	Semaine 2	Semaine 3	Semaine 4
Lundi				
Mardi				
Mercredi				
Jeudi				
Vendredi				
Samedi				
Dimanche				

Les soleils marquent les nuits sèches et les nuages les nuits mouillées.

MOTS-CLÉS

- Anatomie
- Besoin
- Cycle
- Fonction
- Lit
- Mauvaises habitudes
- Médecines douces
- Mobile
- Rythmes biologiques
- Thérapie

ANATOMIE

Tout au long de la vie, le sommeil évolue, mais c'est certainement entre 1 jour et 3 ans que se produisent le plus de changements. Grâce à l'étude de l'activité électrique du cerveau, l'anatomie du sommeil a pu être mise en évidence : le sommeil lent et le sommeil paradoxal.

- Le sommeil lent représente 75 à 80 % du temps de sommeil chez l'adulte, moins chez l'enfant selon son âge. Il se décompose en différents stades, le premier est celui de l'endormissement puis vient celui du sommeil léger qu'une intervention extérieure, tel un bruit, interrompt facilement.

- Les deux stades qui suivent sont ceux d'un sommeil profond se reconnaissant par une immobilité presque totale. Le pouls et la respiration sont lents, mais le tonus musculaire est encore puissant.

- Le sommeil paradoxal lui succède. Il porte ce nom parce qu'il est à la fois profond et très actif, comportant beaucoup de mouvements. De plus, l'enregistrement de l'activité cérébrale en sommeil paradoxal montre une grande proximité avec celle de l'éveil. Le pouls et la respiration sont rapides, les yeux bougent sous les paupières, par contre le tonus musculaire est au plus bas. C'est le sommeil du rêve.

- Seuls restent dans la mémoire les rêves qui occupent la dernière phase de sommeil paradoxal, juste avant l'éveil.

BESOIN

Le sommeil est un besoin tellement fondamental qu'il s'installe presque en même temps que la vie. Dans la bulle chaude et protectrice de l'utérus maternel, le fœtus dort, et il dort beaucoup, d'un sommeil dit « paradoxal », celui des rêves.

- À 8 mois et demi de vie fœtale, les tracés encéphaliques révèlent que le futur enfant connaît des périodes mieux différenciées entre veille et sommeil et que « ses nuits » sont rythmées en cycles de sommeil lent et en cycles de sommeil paradoxal.

- À proximité de l'accouchement, ces deux types de sommeil s'équilibrent de manière identique en quantité et sont de parfaite qualité. Le bébé harmonise ses rythmes du sommeil à ceux de sa mère sur 24 heures.

- La quantité de sommeil dont a besoin un enfant dépend de son âge. Un enfant reposé aura dormi à :

• **1 semaine :**	**16 h 30 min**	• **1 mois :**	**15 h 30 min**	• **3 mois :**	**15 h**
• **6 mois :**	**14 h 15 min**	• **9 mois :**	**14 h**	• **12 mois :**	**13 h 35 min**
• **18 mois :**	**13 h 30 min**	• **2 ans :**	**13 h**	• **3 ans :**	**12 h**
• **4 ans :**	**11 h 30 min**	• **5 ans :**	**11 h**	• **6 ans :**	**10 h 45 min.**

- Puis le temps de sommeil perd environ un quart d'heure par an, jusqu'à atteindre les 8 heures classiques vers 16-18 ans. Ces chiffres ne sont que des moyennes indicatives. Aucun enfant ne ressemble à un autre. Un enfant peut sortir des moyennes, même largement, et vivre un sommeil très variable d'une nuit à l'autre, sans pour autant être anormal.

- On rencontre de gros dormeurs et de petits dormeurs, comme on connaît de gros mangeurs et de petits appétits. Soyez souples, respectez la nature de votre enfant, sans instaurer des horaires trop rigides. De plus, n'oubliez pas que l'enfant, comme l'adulte, dort moins en été et plus en hiver.

CYCLE

Le temps de repos se découpe en cycles faits de sommeil lent puis de sommeil paradoxal. Entre chaque cycle, il existe une très courte période de préréveil dont le dormeur n'est pas conscient mais qui peut permettre un réveil facile.

- Chez l'adulte, normalement, l'endormissement prend 10 min suivi de 1 h à 1 h 40 min de sommeil lent puis de 10 à 15 min de sommeil paradoxal, soit 1 h 30 min à 2 h par cycle de sommeil. Chaque dormeur conserve la même durée de sommeil par cycle toute sa vie. Au total, une nuit complète enchaîne 4 à 6 cycles selon le besoin de sommeil et selon que l'on est gros ou petit dormeur.

- Dès la naissance, le bébé connaît deux types de sommeil, le sommeil calme et le sommeil agité. Dans le premier, le bébé ne bouge pas, à part quelques mouvements de succion ou des sursauts. Sa respiration et son cœur sont calmes. Ce sommeil dure 20 min. Il peut être comparé au sommeil lent profond de l'adulte.

- Le second, le sommeil agité, est marqué par des mouvements des mains, des doigts, des pieds, des jambes, de tout le corps qui s'étire, par des bâillements et parfois des petits cris. Les paupières de l'enfant bougent et peuvent même s'entrouvrir, faisant penser qu'il va se réveiller. Son visage exprime quantité de mimiques. Sa respiration et son rythme cardiaque sont rapides. Par contre, son corps est mou. Ce type de sommeil dure environ 25 min, quelquefois moins, 10 min, quelquefois plus, 45 min. Il est proche du sommeil paradoxal.

- Entre ces deux types de sommeil, il existe un temps de sommeil indéterminé dit aussi de transition. Le nouveau-né s'endort généralement en sommeil agité, sauf après une violente et longue crise de pleurs : le sommeil calme s'installe immédiatement.

- Les cycles de son sommeil sont courts, toutes les 50 à 60 min, ils s'enchaînent trois ou quatre fois pour une durée moyenne de repos de 3 à 4 heures consécutives. Progressivement, avec le temps, le sommeil du bébé va changer en qualité et en quantité. À 6 mois, le bébé s'endort en sommeil lent léger puis dort en sommeil profond, suivi du sommeil paradoxal. Ses cycles de sommeil sont de 70 min. Il s'endort en sommeil lent et finit ses nuits en sommeil paradoxal.

- La composition des cycles change avec l'âge, ainsi entre 3 et 10 ans chaque cycle se compose d'un sommeil lent léger puis d'un sommeil lent profond, suivi d'un sommeil lent très profond pour le premier cycle de la nuit, le sommeil paradoxal n'intervenant qu'à partir de la fin du deuxième cycle. La durée de chaque cycle varie de 90 à 120 min. À 15 ans, l'enfant a acquis son sommeil d'adulte composé de tous les stades de sommeil.

- Avec les années, la répartition du sommeil sur 24 heures évolue. Le repos, la nuit, est de plus en plus long et les quatre siestes de la journée diminuent, passant à trois puis à deux vers 1 an. Au cours de la seconde année, il ne fait plus qu'une sieste en début d'après-midi. Le temps de sommeil est en moyenne de 15 h à 6 mois et souvent encore de 13 h à 14 h à 4 ans.

- Chaque enfant a ses variations personnelles, liées à son patrimoine génétique mais aussi au déroulement de la grossesse et de l'accouchement. On sait que les enfants qui prennent le temps de grandir ont besoin d'un temps de sommeil plus long que les enfants précoces. On constate encore que les maigres dorment moins que les ronds, et bien sûr que les anxieux sont susceptibles de connaître très tôt des nuits difficiles.

FONCTION

Le sommeil a une fonction principale : le repos. Mais on croit trop souvent que l'on dort pour récupérer de sa fatigue, en fait c'est le corps, et notamment le cerveau, qui demande à se reposer pour éviter d'être fatigué.

- La réduction des mouvements et la position allongée favorisent la baisse du tonus musculaire permettant le repos. Chez le nourrisson, la réduction du tonus musculaire correspond à l'état satisfaisant de satiété : il dort presque aussitôt après une tétée. Les enfants nourris au sein et qui doivent en plus faire un véritable effort de succion semblent s'endormir plus vite. Plus l'enfant grandit, plus les satisfactions se diversifient : celles de jouer, de communiquer avec ses parents, d'acquérir la motricité, de satisfaire sa curiosité et d'apprendre en général.

- Le sommeil est aussi indispensable dans le développement de l'enfant : c'est au cours du sommeil lent que l'hypophyse sécrète l'hormone de croissance. Elle agit sur la croissance du cartilage, dit de conjugaison de l'os, par l'intermédiaire d'un autre facteur hormonal. Ces cartilages, situés à chaque extrémité de la masse osseuse, se transformment en os avec le temps. De plus, l'activité électrique cérébrale qui caractérise le sommeil paradoxal joue un rôle important dans la maturation du cerveau, alors en pleine explosion neuronale.

- Le sommeil est encore reconnu comme fondamental dans l'acquisition et la mémorisation des connaissances. Il semble qu'un apprentissage est mieux retenu s'il est suivi d'une période de sommeil et que la réussite scolaire est souvent liée à un bon rythme de sommeil.
- Le sommeil lent jouerait un rôle dans la mémorisation de tout ce qui touche à la logique alors que le sommeil paradoxal serait celui des émotions. Il permettrait la mémorisation des tâches complexes et serait le garant de la mémoire à long terme.
- Enfin, les rêves du sommeil paradoxal sont indispensables à l'équilibre psychique dès le plus jeune âge. Grâce aux rêves, les insatisfactions et les conflits du jour trouveraient leur résolution la nuit. Le sommeil paradoxal aurait aussi une part importante dans la construction de la personnalité de chaque individu, donnant à chacun son originalité.

LIT

Tout enfant commence sa vie dans un berceau. Qu'il soit acheté ou transmis, de génération en génération, il doit obéir à certaines règles de sécurité.

- Il doit avoir une bonne stabilité grâce à des piétements solides et bien écartés, une profondeur suffisante pour éviter au bébé un peu turbulent de passer par-dessus bord.

- Le matelas est plutôt dur, en crin végétal, en mousse ou à ressorts. L'enfant ne doit jamais s'y enfoncer. Le matelas doit aussi être adapté à la taille du sommier. L'enfant dort sans oreiller afin d'avoir un couchage à plat et d'éviter tout risque d'étouffement et d'allergie. Il n'a pas non plus de couette, ni d'édredon, à la rigueur des couvertures, mais rien ne vaut sur le plan de la sécurité une turbulette.

- Mais il est possible d'installer le nourrisson dès sa naissance dans un lit-parc. Les nourrissons un peu perdus dans l'espace du lit-parc ont souvent l'habitude de caler leur tête dans un coin contre les barreaux. Il n'y a aucune raison de s'en inquiéter ni d'intervenir : l'enfant recherche ainsi un contact dur, un peu comme celui de l'utérus maternel qu'il a quitté, de plus sa tête est assez solide pour supporter la dureté des barreaux de bois. On peut équiper le lit d'un tour de lit à condition que celui-ci laisse à l'enfant la possibilité d'explorer tout à loisir son environnement.

- Le lit-parc devient indispensable vers 6 mois lorsque l'enfant a besoin de place pour étendre ses bras et ses jambes et pour bientôt ramper à l'aise. Il est préférable de le choisir étiqueté NF. Cette norme définit la profondeur de la nacelle (58 cm entre la barre du sommier et le haut de la barrière pour que l'enfant ne puisse pas passer au-dessus). Elle garantit encore la qualité, la non-toxicité des vernis et des peintures, ainsi que l'inaccessibilité des attaches vissées. Enfin, les barreaux sont obligatoirement écartés de 60 ou 75 cm afin que l'enfant ne puisse pas s'y coincer la tête ou les jambes.

- À cela, il faut ajouter des systèmes de sécurité pour les modèles à barreaux coulissants et des freins pour les lits à roulettes. Il est préférable de choisir un lit dont les montants peuvent s'abaisser : ils évitent, d'abord d'avoir à trop se plier pour prendre ou poser l'enfant lorsque celui-ci est encore petit, puis tout risque de chute lorsque, vers 2 ans, l'enfant essaie de sortir seul de son lit.

- Côté couchage, il est préférable de privilégier un matelas assez dur. Pour des raisons de sécurité, celui-ci doit occuper entièrement l'espace du sommier, généralement fait de lattes dont l'écartement, là encore, est normalisé. La plupart de ces sommiers ont deux positions, une haute et une basse. Cette dernière doit être adoptée, pour des raisons de sécurité, dès que l'enfant se tient assis. Le lit-parc, ouvert sur un côté, peut accueillir l'enfant jusqu'à 4 ans.

- Ensuite, l'enfant accédera au privilège de dormir dans un lit de « grand », de 90 cm. Pour éviter les chutes dues à un sommeil agité, le lit peut être équipé de barrières amovibles. Le matelas est plutôt dur, la bonne garantie d'un futur dos solide. À l'enfant de décider maintenant s'il veut un oreiller, à vous en revanche de choisir entre un couchage traditionnel, draps et couvertures, ou couette que beaucoup d'enfants plébiscitent.

- Le lit de voyage est indispensable jusqu'à 3-4 ans, essentiellement pour des raisons de sécurité : l'enfant peut être tenté de partir à la découverte d'un nouvel environnement, pas forcément dénué de dangers. Il existe là aussi une norme NF pour ce type de matériel. Elle requiert une stabilité totale du lit si l'enfant se penche ou saute sur un bord. Lorsque le lit est ouvert, équipé de son matelas, le système de pliage ne doit être accessible ni à l'enfant ni à quelqu'un à l'extérieur du lit, à moins que le pliage n'exige une double manœuvre séparée. La fiabilité du matériel doit être prouvée par une résistance à 500 manœuvres de pliage et de dépliage.

- Si vous devez improviser le couchage de votre bébé, n'hésitez pas à le coucher par terre sur une couverture en délimitant son espace par des coussins ou des polochons. Ainsi, vous éviterez les dangers d'un couchage inadapté tels que chutes ou étouffement. Ne vous inquiétez pas, son dos supportera sans difficulté ce couchage à la dure.

MAUVAISES HABITUDES

Sans ériger la fermeté absolue comme principe, il faut toujours veiller à ce qu'un geste affectueux, ou une attitude trop laxiste, ne soit utilisé par l'enfant pour faire monter les enchères et pour imposer ses règles qui ne sont pas toujours les meilleures pour sa santé.

- Donner un biberon de nuit à un enfant de moins de 2 mois, et tout particulièrement s'il est né prématurément, n'est pas une mauvaise habitude. Consoler un enfant qui vient de faire un mauvais rêve non plus, retourner embrasser son enfant qui le demande pour la deuxième fois non plus.
- Par contre, accepter qu'il s'endorme dans le lit de ses parents ou sur le canapé du salon, ça c'est une mauvaise habitude, tout comme le laisser s'endormir régulièrement devant la télévision. Attendre que l'enfant se soit endormi pour sortir de sa chambre, ou le bercer jusqu'au sommeil, risque de créer une dépendance bien contraignante.

MÉDECINES DOUCES

Elles peuvent être une aide car elles n'ont jamais l'agressivité des somnifères allopathiques. Elles agissent sur l'endormissement qu'elles favorisent mais aussi sur l'état anxieux qu'elles atténuent.

- La plus connue est l'homéopathie. Son action est d'autant plus probante que l'insomnie à soigner est récente et non habituelle. Comme son principe repose sur la détermination d'un terrain qui n'est pas le même pour tous, il est préférable de consulter un médecin homéopathe. Selon le type de trouble du sommeil : cauchemars, fatigue, peur ou grande sensibilité aux bruits, la prescription de granules sera différente.

- La phytothérapie peut encore montrer son efficacité, elle soigne par les plantes : valériane, passiflore, pavot de Californie, houblon, etc. Là encore, il est recommandé de faire appel à un médecin spécialiste.
- Enfin, l'ostéopathie, dont le principe repose sur la manipulation des tissus de l'organisme, calme notamment les bébés qui ont eu une naissance difficile. Dans ce cas, ce sont les os du crâne qui se sont légèrement déplacés, leur remise en place apportant au bébé calme, sérénité et sommeil.

MOBILE

Ce tout premier jouet qui s'accroche au-dessus du berceau a une double fonction : d'éveil et d'endormissement.

- Il éveille l'enfant qui ne dort pas par ses couleurs, ses formes et ses reflets, mais il le fait aussi dormir s'il est accroché à la tête de son lit : en fixant cet objet du regard, ses yeux plafonnent. Ce simple mouvement oculaire l'aide à s'endormir.
- Les mobiles musicaux ajoutent au confort de l'endormissement en diffusant la douce musique d'une berceuse. Assez rapidement, l'enfant comprendra que ces quelques notes annoncent l'arrivée du marchand de sable.

RYTHMES BIOLOGIQUES

La vie de tout être humain, donc de l'enfant, se cale sur un certain nombre de rythmes. Les plus connus sont les rythmes circadiens : ils gouvernent particulièrement le sommeil par l'alternance de périodes de veille et de repos. Ils sont normalement synchrones avec le rythme astronomique du jour et de la nuit.

- Les rythmes ultrasensibles sont ceux qui règlent toutes les activités du corps pendant la nuit et le jour, ce sont : les battements du cœur, le rythme respiratoire, les sécrétions hormonales et les changements de température du corps. Ils découpent encore le sommeil en cycles et les périodes de veille entre des moments de grande mobilisation physique et intellectuelle et ceux de moins bonne efficacité.

- Les rythmes infradiens, eux, se « balancent » au rythme des mois. Il existe encore quantité de rythmes biologiques, notamment saisonniers, qui influencent aussi la qualité du sommeil avec un plus grand besoin de sommeil en hiver qu'en été.

- Bien des perturbations sont le résultat d'une mauvaise concordance entre ces rythmes biologiques et ce qu'imposent l'environnement et la vie sociale. De la désynchronisation de ces deux « horloges » découle la fatigue, cette impression étrange de vivre dans du coton ou cette irritabilité à fleur de peau. Ces sensations envahissent l'enfant dont l'emploi du temps ne respecte pas ses « horloges internes ». Mais attention, un enfant fatigué ne dort pas forcément bien.

THÉRAPIE

Il est encore trop fréquent que la solution apportée aux troubles du sommeil de l'enfant consiste à lui prescrire un médicament destiné à le faire dormir artificiellement. Ce type de traitement ne résout généralement pas le problème à long terme, il permet seulement aux parents de le réguler par quelques nuits calmes.

- Lorsqu'un enfant souffre d'un trouble du sommeil, ses parents peuvent consulter un service hospitalier spécialisé : les consultations du sommeil. Peu de troubles ont des causes neurologiques ou psychologiques, ils sont généralement le résultat d'un mauvais apprentissage et d'un certain nombre de malentendus entre l'enfant et ses parents. Plus la consultation se fera tôt par rapport à l'apparition du trouble, plus l'enfant aura de chances d'être soigné facilement. En effet, le temps dans ce domaine n'arrange jamais rien et accentue les crispations.

- La thérapie consiste en quelques entretiens. Le premier avec les parents fait le point sur la nature du trouble par un interrogatoire précis. Le croisement entre les informations données par les parents et celles apportées par le médecin sur les caractéristiques du sommeil normal de l'enfant, selon son âge, permet déjà la résolution d'un certain nombre de cas.

- Pour les histoires plus compliquées, il est indispensable d'examiner précisément le temps de sommeil de l'enfant. Le médecin remet aux parents un calendrier du sommeil à remplir sur une dizaine de jours. Ils devront y indiquer les heures de coucher, de lever, et de sieste, noter la durée des différents sommes de jour et de nuit, les réveils nocturnes et les autres manifestations comme les cauchemars ou les terreurs nocturnes.

- Ce document aide à l'évaluation de l'importance du trouble et à voir si l'enfant réussit à garder la quantité de sommeil indispensable à sa bonne santé. Dans certains cas, le médecin demande aux parents de remplir plusieurs calendriers à intervalles réguliers.
- Un autre examen, l'actimétrie, vient parfois en complément. Il s'agit de l'enregistrement de tous les mouvements de l'enfant sur plusieurs jours. Son analyse permet d'affiner le diagnostic et de mieux connaître la nature d'une pathologie précise.
- Ainsi scientifiquement informé, le médecin pourra, selon le cas, donner aux parents les conseils pratiques indispensables pour que de bonnes habitudes s'instaurent ou dénouer les problèmes psychologiques qui empêchaient l'enfant de dormir correctement.

Bibliographie

- M. Thirion et M.-J. Challamel, *Le sommeil, le rêve et l'enfant : de la naissance à l'adolescence,* Albin Michel, Paris, 2002.
- H. de Leersnyder, *L'enfant et son sommeil*, Robert Laffont, Paris, 1998.
- Ph. Mazet et A. Braconnier, *Le sommeil de l'enfant et ses troubles*, « Que sais-je ? », PUF, Paris, 1986.
- A. Kahn, *Le sommeil de votre enfant*, Odile Jacob, Paris, 2003.
- M. Jouvet, *Le sommeil et le rêve*, Odile Jacob, Paris, 1992.
- A. Bacus, *Le sommeil de votre enfant*, Marabout, Paris, 2004.
- I. Gravillon, *Le sommeil des bébés*, « Les Essentiels », Milan, Paris, 1999.

Carnet d'adresses

Liste des centres agréés par la Société française de recherche sur le sommeil

RÉGION AQUITAINE

- Hôpital Pellegrin
Clinique du sommeil
33073 Bordeaux
Tél. : 05 56 79 55 13
(Seulement
sur prescription
d'un pédiatre)

RÉGION AUVERGNE ET LIMOUSIN

- Hôpital Dupuytren
(CHU)
Centre régional d'étude
du sommeil
2, avenue
Martin-Luther-King
87042 Limoges Cedex
Tél. : 05 55 05 65 30
(Seulement sur prescription
d'un pédiatre)

RÉGION BOURGOGNE ET FRANCHE-COMTÉ

- Laboratoire de sommeil
CHS La Chartreuse
1, boulevard Chanoine-Kir
21033 Dijon BP 1514
Tél. : 03 80 42 48 61
(Seulement sur prescription
d'un pédiatre)

- Laboratoire d'EEG
et de sommeil
Clinique Saint-Rémy
31, rue Charles-Dodille
71100 Chalon-sur-Saône
Tél. : 03 85 92 38 99

- Centre Hospitalier
Service pneumologie et EFSN
(Exploration fonctionnelle
du système nerveux)
25200 Montbéliard
Tél. : 03 81 91 61 71

RÉGION BRETAGNE ET PAYS DE LA LOIRE

- Hôpital Morvan (CHU)
Service d'exploration fonctionnelle neurologique
29285 Brest Cedex
Tél. : 02 98 22 23 90

- Hôpital Mère et enfant
7, quai Montcousu
44093 Nantes Cedex 01
Tél. : 02 40 08 34 80

RÉGION ÎLE-DE-FRANCE

- Hôpital Robert-Debré
Service psychopathologie de l'enfant et de l'adolescent
Consultations pour troubles du sommeil
48, boulevard Sérurier
75019 Paris
Tél. : 01 40 03 22 07

RÉGION LANGUEDOC-ROUSSILLON

- Hôpital Guy de Chauliac
Service de neuropédiatrie
4, avenue Bertin-Sans
34295 Montpellier Cedex 5
Tél. : 04 67 33 77 37

RÉGION MIDI-PYRÉNÉES

- Hôpital Rangueil (CHU)
Explorations fonctionnelles neurologiques
31054 Toulouse Cedex
Tél. : 05 61 32 26 96

- Fondation du Bon Sauveur d'Albi
Laboratoire du sommeil
1, rue de la Vazière
81003 Albi Cedex BP 94
Tél. : 05 63 48 48 99

RÉGION NORD-PAS-DE-CALAIS

- Hôpital Roger Salengro (CHRU)
Unité des troubles de la veille et du sommeil
2, avenue Oscar-Lambret
59037 Lille Cedex
Tél. : 03 20 44 60 74
(Seulement sur prescription d'un pédiatre)

RÉGION NORMANDIE

- CHU Charles Nicolle
76031 Rouen Cedex
Tél. : 02 32 88 80 37
(Demander le neuropédiatre)

RÉGION PACA

- Hôpital l'Archet (CHU)
Service de neuropédiatrie
151, route Saint-Antoine-de-Ginestière
06200 Nice
Tél. : 04 92 03 61 70 ou 61 71

- Centre Saint-Paul
300, bd Sainte-Marguerite
13009 Marseille
Tél. : 04 91 17 07 50

RÉGION POITOU-CHARENTES

- Hôpital La Milétrie (CHU)
Service de neurologie
350, avenue Jacques-Cœur /
BP 577
86021 Poitiers Cedex
Tél. : 05 49 44 44 46
(Seulement
sur prescription
d'un pédiatre)

RÉGION RHÔNE-ALPES

- Centre hospitalier Lyon-Sud
Unité du sommeil
de l'enfant
Bâtiment 3 B,
niveau 2
69495 Pierre-Bénite Cedex
Tél. : 04 78 86 17 89

- Unité du sommeil
du Centre hospitalier
intercommunal
Annemasse-Bonneville
17, rue du Jura
74107 Annemasse Cedex
Tél. : 04 50 87 40 27